深圳学人文库

Research on Arbitration of
Hospital-Patient Disputes in Shenzhen

深圳医患纠纷仲裁研究

钟澄 邹长林 ◎著

社会科学文献出版社
SOCIAL SCIENCES ACADEMIC PRESS (CHINA)

作者序（一）

我在研究生阶段就一直研习商事仲裁，参加工作后于 2014 年受聘担任深圳仲裁委员会仲裁员，参与审理的案件大多为传统商事纠纷。我对深圳仲裁委开展医患纠纷仲裁一事早有耳闻，从表面上理解就是让医学专家参与解决目前社会上较为突出的医患纠纷问题，也时常疑惑仲裁委开展这项工作的动因。

2015 年春节后，我和已经在医患纠纷仲裁院工作多年、刚调任深圳仲裁委员会科技园工作站站长的钟妙仲裁员聊起深圳仲裁委员会开展医患纠纷仲裁工作的话题。我们都认为五年是一个阶段，目前仲裁委已经有了一定数量的案件积累，可以进行一些总结，为今后更好地开展这项工作打下基础，同时也可作为委员会进行改革创新的一项成果。仲裁委工作人员和审理案件较多的仲裁员平时都忙于日常工作，虽一直想提笔，但始终没有实现。从保持自己写作习惯和学习新知识的角度出发，我决定接受邹长林院长的邀请，一起承担本书的写作任务。本书的主要思路和材料都由邹院长提供，但他一直坚持由我作为第一作者。我深感受之有愧，只能更加努力地工作以感谢前辈的提携！

参与写作受益良多，一方面系统地自学了医事法律制度，另一方面通过深入调研和对案例的研读，也对深圳仲裁委开展这项工作有了全面的认识。在我看来，对于仲裁委来说这是一项公益活动，通过仲裁委的平台将专业、有意致力于通过仲裁这一专业性、程序性俱佳的准司法活动解决医患纠纷的人士聚集在一起，发挥集体智慧，为医患纠纷的合法、科学、合理、和谐解决开辟了一条新的路径。

由于时间仓促，本书主要对医患仲裁的基本理论和深圳仲裁委员会开展医患仲裁的实践进行阐述和介绍,总结其中的做法、问题、经验,提出进一步完善该项工作的思路。其中更加精深的法理问题容日后再做探讨。

常听人言,医学解人身体不适之惑,法学解人精神不适之惑。在当今社会中两者却都存在自身之惑,愿深圳医患纠纷仲裁工作能够众人拾柴火焰高,为社会的发展传递更多的正能量。

特别感谢深圳市社会科学联合会为本书出版提供的帮助,能让深圳的制度创新成果以正式出版物的形式与读者见面。

钟　澄
2016 年 9 月 30 日

作者序（二）

我在法院工作近20年，处理了大量的民商事纠纷，其中也不乏医疗争议案件。由于自己并不掌握医学知识，处理医疗争议案件时总是感觉无从下手，甚至被医方当事人带着绕圈子。当时我就想，如果有懂医的法官或由医生作为人民陪审员处理医疗纠纷案件就好了，既渴望有一支权威、精干的专家队伍，又期盼有一个灵活、多变的处理纠纷的机制，但该想法当时未能实现。

有了医疗行为，自然就产生了医患关系，随之而来的就是医疗争议。当初，一出现医疗争议，当事人总是首先想到医疗事故这个概念，倾向于通过医疗事故处理程序处理医患纠纷，国务院颁布的《医疗事故处理条例》成为当事人处理医疗争议的主要依据。但随着医患双方博弈的不断深入，患方开始更多地运用《民法通则》中关于人身损害赔偿的规定来解决医疗损害赔偿纠纷，由此出现了"二元化""双轨制"的现象。《侵权责任法》的实施，使医疗损害争议的处理统一到"医疗损害赔偿责任"上来，"二元化""双轨制"的现象基本得到了终结。

深圳仲裁委员会从服务社会大局出发，充分发挥仲裁的优势，成立了深圳医患纠纷仲裁院，通过仲裁的方式解决医疗争议，是"多元化"解决医患纠纷的一项创新，是积极探索和大胆尝试，是促进社会和谐、推动科学发展、构建和谐社会的重要举措。我参与了深圳医患纠纷仲裁院的组建，从其成立至今已经5年了，时间虽然不长，处理的案件也不能说很多，但我觉得有必要对过去的工作做一个回顾与总结，然而繁忙的日常工作使我一直没有时间动笔。前段时间，经同事介绍，我有幸见到了钟澄博士，我早就知道他在商事仲裁领域有着一定的造诣，他治学严谨，笔耕不辍，便将自己的想法告诉了他，钟博士很爽快地答应了与我合作。由于我偏重实践的积累，而钟博士更专注于法学理论的研究，因此本书由钟博士主笔，倾注了他大量的心血，在此对他表示感谢！

开展医疗争议仲裁工作时间毕竟还很短，理论上的认识和实践的积累还很不够，本书肯定存在着不足，处理个案的方法也可能存在问题，但我们有信心上下求索，把医疗争议仲裁工作开展得更好，为构建和谐的医患关系贡献力量。

邹长林
2016 年 9 月 30 日

目 录
contents

导 论 ·· 001
 0.1 研究背景和意义 ·· 001
 0.2 研究思路和方法 ·· 002
 0.3 本书的创新和不足 ··· 003

第1章 深圳医患纠纷仲裁制度建立背景 ····························· 005
 1.1 深圳医患纠纷现状 ··· 005
 1.2 各类第三方纠纷解决方式中的问题 ······························· 011
 1.3 仲裁解决医患纠纷的优势及其确立 ································ 018

第2章 医患纠纷仲裁基本法律问题 ···································· 025
 2.1 医患纠纷概述 ··· 025
 2.2 医患纠纷仲裁解决的可行性 ··· 032
 2.3 医患纠纷仲裁院受案类型和法律适用 ···························· 035

第3章 深圳医患纠纷仲裁机构设置和案件处理程序 ············ 039
 3.1 仲裁机构设置 ··· 039
 3.2 仲裁协议和仲裁程序 ·· 043
 3.3 仲裁裁决执行 ··· 049

第4章 深圳医患纠纷仲裁具体案件审理 ····························· 052
 4.1 当事人法律关系的确定 ··· 052

  4.2 当事人侵权关系的认定 …………………………… 053

  4.3 侵权责任承担（赔偿种类和标准）………………… 131

  4.4 调解书/调解裁决的作出 …………………………… 155

第 5 章 经验和完善建议 ………………………………… 158

  5.1 经验总结 …………………………………………… 158

  5.2 问题和完善建议 …………………………………… 160

结 论 ………………………………………………………… 166

参考文献 ………………………………………………………… 169

案例索引 ………………………………………………………… 176

附录一 《深圳仲裁委员会仲裁规则》第十一章医患纠纷仲裁程序 … 178

附录二 《深圳市医患纠纷处理暂行办法》………………… 180

导 论

0.1 研究背景和意义

0.1.1 研究背景

随着我国社会发展、城市化进程的加快和医疗体制改革的不断推进，医患纠纷案件数量逐年上升，复杂性和由此产生的社会影响不断增强，成为全社会都必须面对的问题。据《人民日报》报道，2013年全国发生医疗纠纷12.6万起，2014年全国发生医疗纠纷11.5万起。[1] 有纠纷，就必须有解决的途径，在不崇尚非理性自力救济的现代社会，当事人除了自主协商外，也可以诉诸法律。多年来，各相关部门也在探索各类解决途径，旨在高效、和谐地解决医患纠纷，将其对患者、医院和社会的负面影响降到最低。从目前来看，各地普遍在《中华人民共和国人民调解法》框架下开展医患纠纷调解工作，取得了较好的社会效果，深圳在此方面也进行了探索。[2]

2010年，在中共深圳市政法委员会的指导下，深圳仲裁委员会开始与深圳市卫生和计划生育委员会、深圳市各大医院共同研究通过民商事仲裁这种准司法途径解决医患纠纷的可行性，试图将调解和仲裁这两种方式进行融合并运用到医患纠纷解决中。经过周密的论证和工作部署，2010年10月，深圳医患仲裁院正式挂牌成立，为解决深圳市的医患纠纷开辟了一条

---

[1] 白剑峰：《医患和谐是主流——我国依法维护医疗秩序综述》，《人民日报》2015年1月22日。

[2] 《深圳市医患纠纷处理暂行办法》规定，各级人民调解组织将医患纠纷调解纳入业务范围，建立医患调解工作室。

新的道路。

从 2011 年受理第一起医患纠纷仲裁案件至今，深圳医患仲裁院已经走过了五个年头，五年的工作成绩是一份积累，我们需要在这些实践的基础上对医患纠纷仲裁工作的理论和实践中存在的问题进行总结，整理出一些共性的问题，并对一些还存在争议的问题进行研究和思考。

0.1.2 研究意义

深圳是我国第一个尝试在《中华人民共和国仲裁法》框架下解决医患纠纷的城市，在理论和实践上都需要回应和解决一些新的问题，如传统的民商事仲裁可否适用于医患纠纷，仲裁协议如何缔结，仲裁费用收取的合理性，仲裁程序设置的针对性，仲裁员选聘的专业性等。本书将对这些问题逐一进行分析、总结，同时对于在仲裁中如何运用实体法律处理医患纠纷案件，对司法鉴定、医学病历等证据的采纳也都需要研究。

本书将在深圳医患纠纷仲裁院五年实践的基础上，介绍、分析、总结和讨论上述问题，为今后工作的开展打下基础，并为全国同行提供经验和借鉴。

0.2 研究思路和方法

0.2.1 研究思路

本书首先介绍深圳医患纠纷仲裁院成立的背景情况，从理论上论述仲裁解决医患纠纷的优势，阐述仲裁院得以成功建立并顺利开展工作的各项因素；其次论述医患纠纷仲裁的基本问题，在厘清医患纠纷的概念和法律性质的基础上分析医患纠纷的可仲裁性，以及民商事仲裁机构受理医患纠纷案件的范围及其法律适用；再次，介绍和分析深圳医患纠纷仲裁院的机构设置和案件处理流程，指出合理的机构配置、仲裁员选聘流程以及科学的仲裁协议缔结程序是保证案件得到正确审理、裁决的前提；复次，重点介绍仲裁院成立五年来处理的具有典型意义的案例，通过对案例中反映出的法律问题和处理方法进行分析，展现仲裁处理医患纠纷的现状；最后，全面总结深圳医患纠纷仲裁制度建立五年来的经验、教训、问题、困惑,并结合当前各项工作的实际情况提出完善各项制度的建议。

0.2.2 研究方法

本书的研究方法主要采取文献法、调查访谈法和案例分析法。

文献法：全面查找医患纠纷相关的专著、论文、统计报告等,搜集深圳医患纠纷仲裁院成立前后的文件、资料和案例,对各类主要理论问题进行汇总和分析,为本书研究的全面展开提供基础性资料。

调查访谈法：本书的核心是总结深圳市开展医患纠纷仲裁工作至今的情况、问题。仲裁作为一种纠纷解决手段,无法单独发挥作用,在目前的国情下,仲裁委员会必须与相关部门做好沟通工作,以确保工作的顺利开展。笔者除了到深圳仲裁委员会进行资料搜集,与相关管理人员和办案秘书进行交流访谈外,还前往深圳市中级人民法院调研医患纠纷仲裁的裁决执行情况,前往深圳市卫生行政部门了解全市医患纠纷总体情况及其对医患纠纷仲裁工作的态度和意见,前往部分医院调研医患纠纷一线情况。同时,对承办案件较多的仲裁员、律师进行访谈,了解仲裁案件处理中的实际问题,听取他们的意见和建议。

案例分析法：仲裁是在调解不成的情况下作出的仲裁裁决。通过对已审结案件的整体分析,对各项指标进行统计,可以了解五年来医患纠纷仲裁工作的整体绩效;通过对每个案件进行梳理分析,可以了解医患纠纷仲裁的实际操作情况,反映其中的程序问题、实体问题和其他问题。

0.3 本书的创新和不足

0.3.1 创新

深圳在全国首创医患纠纷仲裁解决模式,为本书的创新打下了基础。本书的创新点主要在于对深圳仲裁解决医患纠纷的运作情况进行"全面体检"——从机构到个人、从程序到实体,对其中的成功经验和做法进行总结,形成"养生经",供同行观摩参考;对其中"不顺不畅"或者存在争议的问题"把脉",虽不一定能够开出良药,但起码可以形成一定的诊疗思路,也可以为同行借鉴。

0.3.2 不足

本书的不足存在以下两个方面。

第一,从仲裁法的角度来说,医患纠纷仲裁属于行业仲裁之一,其在仲裁各项要素,如仲裁协议缔结、仲裁庭组成、仲裁程序开展、仲裁证据认定、法律适用、仲裁裁决作出、仲裁裁决执行等方面,均与其他仲裁案件没有本质上的区别。只是因为医患纠纷的案件有其一定的专业特质,因此在某些因素上展现出了一定的特点,但仍属于仲裁法的范畴,因此本书对医患仲裁制度的建立和仲裁案件处理程序的开展,只能进行介绍性的描述,在理论上并不能进行太多的创新和突破。

第二,由于案件数量有限,相比于法院审判的医患纠纷案件,深圳医患纠纷仲裁院处理的案件难称丰富,因此本书介绍的深圳医患纠纷仲裁案件,也重在总结过往五年的经验和做法,许多实体问题的复杂性低于法院的判例。

虽然如此,通过创设专门的医患仲裁机构、制定专门的仲裁规则、成规模成体系地聘用医学专家担任仲裁员的方式解决医患纠纷成效显著,其中的经验、教训、管理体系、仲裁规则和发生法律效力的仲裁裁决都具有重要的研究意义。

第1章 深圳医患纠纷仲裁制度建立背景

任何事件的发生都有其偶然性和必然性,深圳医患纠纷仲裁制度的建立,根植于深圳仲裁制度的发展和解决医患纠纷的现实需要。

1.1 深圳医患纠纷现状

1.1.1 深圳市医疗机构及其接诊情况

1.1.1.1 深圳市医疗机构情况

根据深圳市卫生和计划生育委员会提供的资料,截至2016年3月31日,深圳市批准设立医院158家,其中停业5家,实际开展执业活动153家,其中三甲医院10家,三级医院28家,二级以上医院52家,其余为一级或者未定级医院(如图1所示)。153家医院按照地域划分,情况如下:福田区28家,罗湖区29家,南山区15家,盐田区4家,宝安区23家,龙岗区31家,光明新区3家,坪山新区6家,龙华新区11家,大鹏新区3家(如图2所示)。

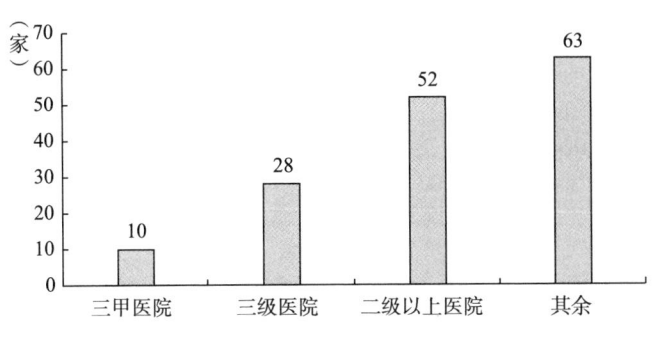

图1 深圳市医院等级数量情况

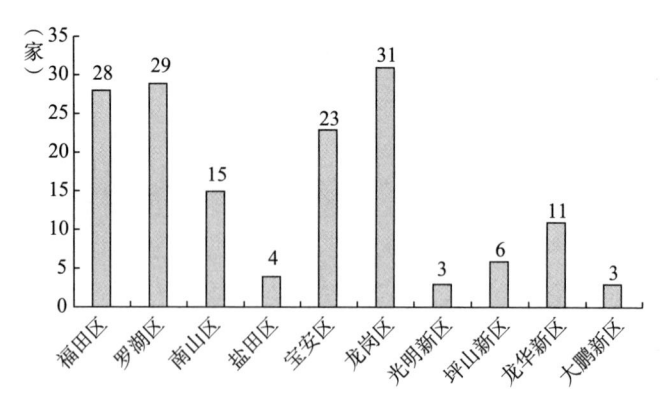

图 2　深圳市医院各区分布情况

专科医院病床数 31425 张，综合医院病床数 24361 张（如图 3 所示）。

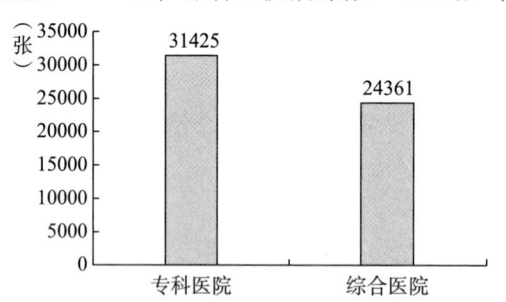

图 3　深圳市医院床位数量情况

卫生技术人员共 69233 人，其中执业医师 27834 人，中医执业医师 3452 人，执业助理医师 1173 人，注册护士 31717 人，药剂人员 3216 人，影像技师 1218 人，卫生监督员 623 人（如图 4 所示）。

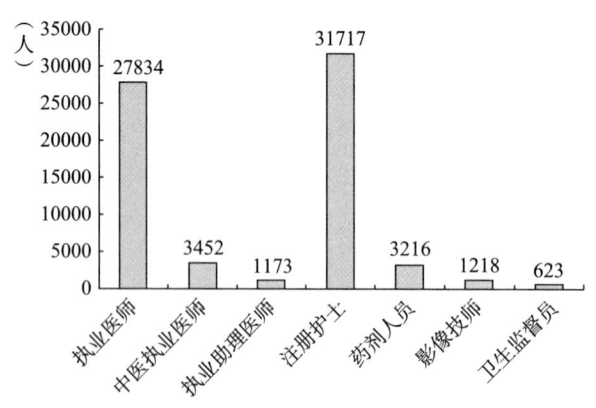

图 4　深圳市卫生技术人员数量情况

卫生工作人员共 87031 人，其中卫生技术人员 69233 人，工勤人员 10773 人，管理人员 4092 人，其他技术人员 2933 人（如图 5 所示）。

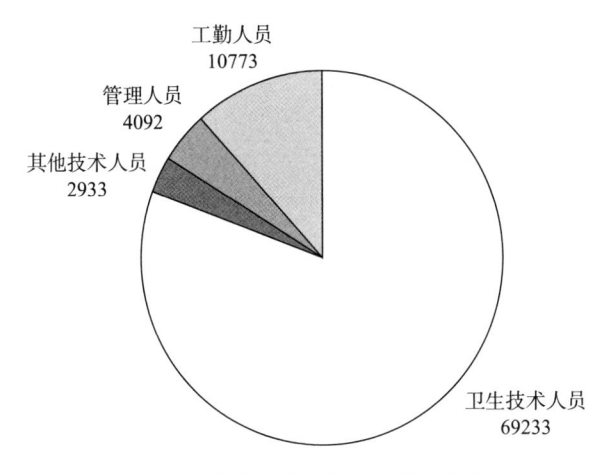

图 5　深圳市卫生工作人员数量情况

1.1.1.2　深圳市医疗机构接诊与医患纠纷情况

根据深圳市卫生和计划生育委员会的统计数据，在诊疗方面，2014 年全市医疗卫生机构完成诊疗 8685.23 万人次，其中医院 7153.61 万人次，妇幼保健院 625.99 万人次，专科疾病防治院 120.43 万人次，门诊部 356.95 万人次，私人诊所 428.25 万人次（如图 6 所示）。按医院的机构类别分，综合医院完成诊疗 5817.29 万人次，中医院 610.34 万人次，专科医院 725.98 万人次。全市医疗卫生机构观察室收容病人 21.33 万人次、健康检查 592.48 万人次。

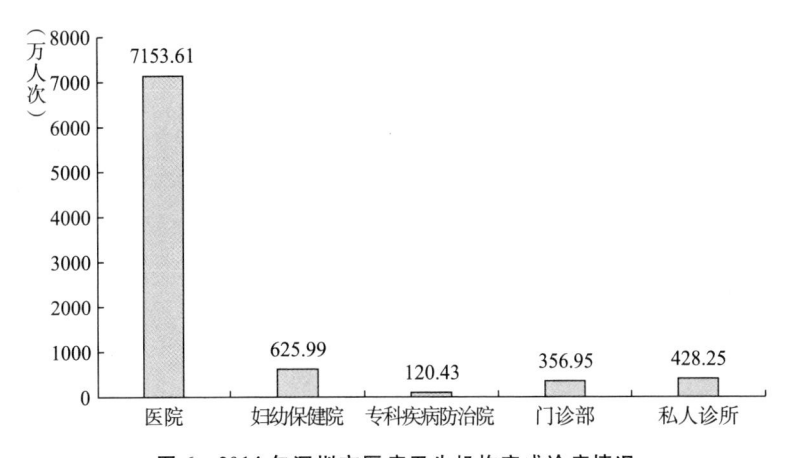

图 6　2014 年深圳市医疗卫生机构完成诊疗情况

在住院情况方面，2014年全年医疗机构收治住院病人1194032人次，比2013年增长9.1%，其中医院1066569人次，妇幼保健院125511人次，专科疾病防治院828人次，卫生院1124人次（如图7所示）。全市医院类机构（包括医院、妇幼保健院和专科疾病防治院）病床年周转次数为39.4次，较2013年增长2.6%；病人平均住院日为7.7天，较2013年下降2.3%；病床使用率为85.5%，较2013年增长1.3%。

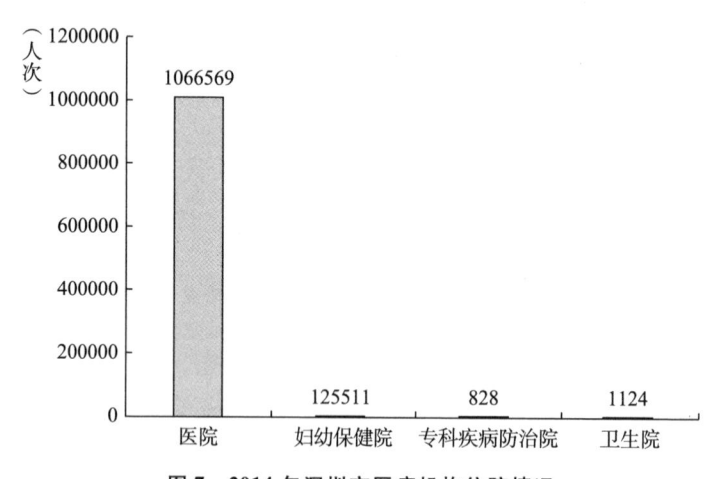

图7　2014年深圳市医疗机构住院情况

在费用情况方面，2014年全市医院类机构门诊病人次均医药费为201.71元；住院病人次均医药费为8243.26元（如图8所示）。

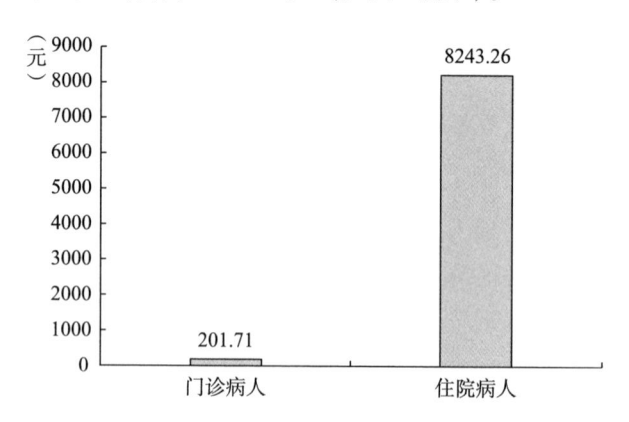

图8　2014年深圳市医院费用情况

1.1.2 深圳医患纠纷的特点

从 2016 年中共深圳市卫生工作委员会《中共深圳市卫生工作委员会关于 2015 年度我市医疗行业服务公众满意度调查监测结果的通报》（深卫党〔2016〕3 号）发布的数据来看，2015 年度深圳市医院患者总体满意度为 79.37 分，满意率为 90.6%，整体患者评价处于满意区间，其中门诊患者满意度（78.01 分）与满意率（88.9%）均低于住院患者满意度（80.73 分）与满意率（92.4%）。政府办医院（含公立、驻深医院）总体满意度评分（79.93 分）比社会办医院满意度评分（76.90 分）高 3.03 分。满意度（79.37 分）全年总体呈上升趋势，比 2014 年度满意度（77.36 分）提高 2.01 分。

根据笔者向深圳市卫生和计划生育委员会以及中共深圳市委政法委员会的调研结果，深圳市医疗纠纷的数量自 2009 年以来持续增加，2012 年以后基本上维持在一个稳定的水平，没有大幅度地增加。深圳市卫生和计划生育委员会、市政府"12345"热线、主任信箱等机构和渠道处理的医疗纠纷案件自 2012 年以来每年基本上维持在 1000 多件的水平。

2014 年在深圳市卫生和计划生育委员会处理的医疗纠纷案件中，市属公立医疗机构的医疗纠纷占 45% 左右，社会办医院及区属公立医院的医疗纠纷占 55% 左右（如图 9 所示）。从科目分类看，外科类医疗纠纷投诉占总

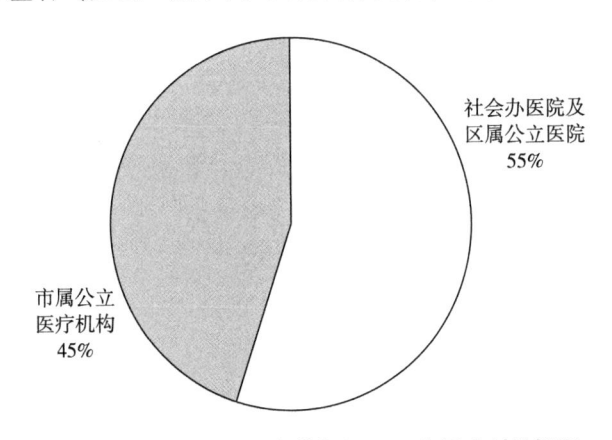

图 9　深圳市卫生行政主管部门 2014 年医患纠纷概况

投诉量的 70%，其中泌尿外科、整形美容（含 10 例口腔类）、妇产科、骨科等外科专业的纠纷量较多；内科类医疗纠纷投诉占总投诉量的 15%；医院管理类（服务态度、流程等）医疗纠纷投诉占总投诉量的 10%；其他纠纷投诉集中在收费、医患沟通等方面，占 5%（如图 10 所示）。

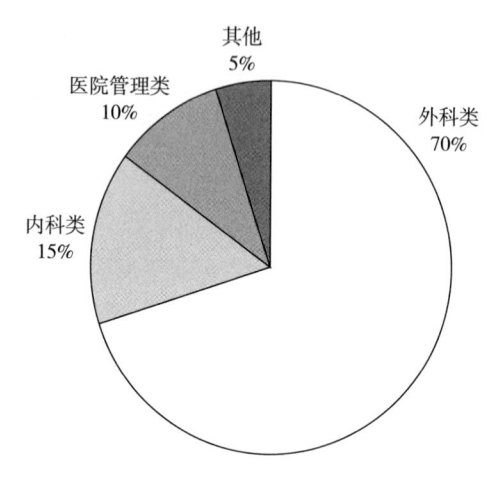

图 10　深圳市卫生行政主管部门 2014 年医患纠纷投诉概况

在 2014 年深圳市卫生和计划生育委员会处理的投诉中，60% 的案件通过协调和沟通得到解决，30% 的案件经调查处理后以书面形式答复投诉人，10% 的案件由行政部门引导当事人通过诉讼或者鉴定等法定途径解决（如图 11 所示）。

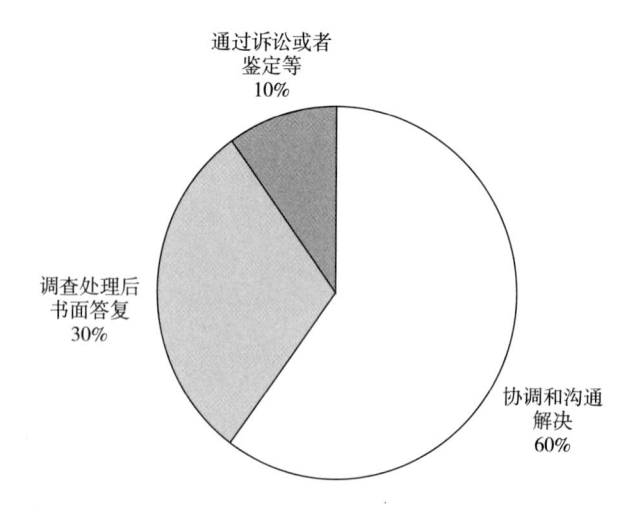

图 11　深圳市卫生行政主管部门 2014 年医患纠纷解决概况

深圳的医患纠纷主要呈现出以下特点。

第一，社会办的医疗机构所占比例较高，近年来一直超过50%。

第二，妇产科和泌尿外科的纠纷投诉数量一直维持在较高的水平。这与产科专业的高风险性，部分医院的妇产科和泌尿外科存在逐利性质的过度治疗现象，以及目前妇产科和泌尿外科类专科医疗机构之间的恶性竞争有关。

第三，美容科的纠纷投诉数量呈逐年上升趋势。这与医疗美容的风险性及部分医疗机构的逐利行为有关。

第四，自2010年《中华人民共和国侵权责任法》施行以来，患者要求行政主管部门查明医疗机构诊疗行为是否违反诊疗规范、法律法规的投诉呈上升趋势，给行政部门处理医疗争议带来了新的挑战。

第五，深圳外来人口较多，非户籍人口与户籍人口数量都十分庞大，医疗社会保险、损害赔偿标准等都呈现出本地特色，需要科学划分后按不同的情况适用。

面对如此纷繁复杂的医患纠纷，需要发挥政府行政、司法、仲裁部门以及社会组织各有关方面的职能和力量，科学、合法、有效地解决。

1.2 各类第三方纠纷解决方式中的问题

纠纷解决方式按照是否有纠纷当事人以外的第三方介入分为自力解决和第三方解决两类，其中合法的自力解决方式主要为和解，纠纷双方在不损害社会公共利益和其他人利益的前提下，通过自行磋商形成合意。据统计，我国80%以上的医患纠纷都是通过和解"私了"的。[1] 虽然和解的方式有着成本低、过程快、有利于平息事端等优点，但也存在着因信息极度不对称导致医患双方的公平性难以保证、容易激化矛盾引发患方不理性行为、造成卫生监管缺失、行政责任甚至刑事责任不受追究等问题。[2] 就第三方解决方式而言，主要包括行政调解、人民调解和法院诉讼三种，其各具

---

[1] 卫洁：《论医患纠纷人民调解制度的构建》，硕士学位论文，华东政法大学，2012，第7页。
[2] 林文学：《医疗纠纷解决机制研究》，法律出版社，2008，第44~47页。

优势,也都存在不同的问题,具体如下。

1.2.1 行政调解

《医疗事故处理条例》第四十八条对行政机关主持下的调解范围、程序和效力作出了规定,将行政调解定义为"卫生行政主管部门根据法律的规定,在充分询问当事人意见后,对已确定的医疗事故在职权范围内予以居中调停,促使医疗事故得以化解的方式方法"。

卫生行政主管部门的调解具有专业性和权威性,但其在实践中发挥的作用有限:首先,其受案范围限于医疗事故赔偿,排除了其他种类的医患纠纷,而实践中经鉴定构成医疗事故的纠纷比例较低;其次,调解的赔偿适用标准参照《医疗事故处理条例》的相关规定,而该条例中规定的赔偿数额要低于《民法通则》和《最高人民法院关于审理人身损害赔偿案件适用法律若干问题的解释》中确立的标准(具体情况见表1),因此患者寻求行政调解的积极性较低;最后,卫生行政主管部门作为医院的业务主管部门,与医院有着千丝万缕的联系,因此,卫生行政主管部门调解工作的公正性存在疑问,这增加了患者的抵触情绪,影响调解协议的达成。

表1 《医疗事故处理条例》(以下简称"条例")与《最高人民法院关于审理人身损害赔偿案件适用法律若干问题的解释》(以下简称"司法解释")关于赔偿标准规定对比情况

序号	赔偿种类	赔偿依据	赔偿标准
1	医疗费	条例	按照医疗事故对患者造成的人身损害进行治疗所发生的医疗费用计算,凭据支付,但不包括原发病医疗费用。结案后确实需要继续治疗的,按照基本医疗费用支付
		司法解释	医疗费根据医疗机构出具的医药费、住院费等收款凭证,结合病历和诊断证明等相关证据确定。医疗费的赔偿数额,按照一审法庭辩论终结前实际发生的数额确定。器官功能恢复训练所必要的康复费、适当的整容费以及其他后续治疗费,赔偿权利人可以待实际发生后另行起诉。但根据医疗证明或者鉴定结论确定必然发生的费用,可以与已经发生的医疗费一并予以赔偿

续表

序号	赔偿种类	赔偿依据	赔偿标准
2	误工费	条例	患者有固定收入的,按照本人因误工减少的固定收入计算,对收入高于医疗事故发生地上一年度职工年平均工资3倍以上的,按照3倍计算;无固定收入的,按照医疗事故发生地上一年度职工年平均工资计算
		司法解释	误工费根据受害人的误工时间和收入状况确定。误工时间根据受害人接受治疗的医疗机构出具的证明确定。受害人因伤致残持续误工的,误工时间可以计算至定残日前一天。 受害人有固定收入的,误工费按照实际减少的收入计算。 受害人无固定收入的,误工费按照其最近三年的平均收入计算。 受害人不能举证证明其最近三年的平均收入状况的,可以参照受诉法院所在地相同或者相近行业上一年度职工的平均工资计算
3	住院伙食补助费	条例	按照医疗事故发生地国家机关一般工作人员的出差伙食补助标准计算
		司法解释	住院伙食补助费可以参照当地国家机关一般工作人员的出差伙食补助标准予以确定。 受害人确有必要到外地治疗,因客观原因不能住院,受害人本人及其陪护人员实际发生的住宿费和伙食费,其合理部分应予赔偿
4	陪护费	条例	患者住院期间需要专人陪护的,按照医疗事故发生地上一年度职工年平均工资计算
		司法解释	护理费根据护理人员的收入状况和护理人数、护理期限确定。护理人员有收入的,参照误工费的规定计算;护理人员没有收入或者雇佣护工的,参照当地护工从事同等级别护理的劳务报酬标准计算。护理人员原则上为一人,但医疗机构或者鉴定机构有明确意见的,可以参照确定护理人员人数。 护理期限应计算至受害人恢复生活自理能力时止。受害人因残疾不能恢复生活自理能力的,可以根据其年龄、健康状况等因素确定合理的护理期限,但最长不超过二十年。 受害人定残后的护理,应当根据其护理依赖程度并结合配制残疾辅助器具的情况确定护理级别
5	残疾生活补助费	条例	根据伤残等级,按照医疗事故发生地居民年平均生活费计算,自定残之月起最长赔偿三十年;六十周岁以上的,不超过十五年;七十周岁以上的,不超过五年
	残疾赔偿金	司法解释	残疾赔偿金根据受害人丧失劳动能力程度或者伤残等级,按照受诉法院所在地上一年度城镇居民人均可支配收入或者农村居民人均纯收入标准,自定残之日起按二十年计算。但六十周岁以上的,年龄每增加一岁减少一年;七十五周岁以上的,按五年计算。 受害人因伤致残但实际收入没有减少,或者伤残等级较轻但造成职业妨害严重影响其劳动就业的,可以对残疾赔偿金作相应调整

续表

序号	赔偿种类	赔偿依据	赔偿标准
5	残疾辅助器具费	司法解释	残疾辅助器具费按照普通适用器具的合理费用标准计算。伤情有特殊需要的，可以参照辅助器具配制机构的意见确定相应的合理费用标准。 辅助器具的更换周期和赔偿期限参照配制机构的意见确定
6	残疾用具费	条例	因残疾需要配置补偿功能器具的，凭医疗机构证明，按照普及型器具的费用计算
7	丧葬费	条例	按照医疗事故发生地规定的丧葬费补助标准计算
7	丧葬费	司法解释	丧葬费按照受诉法院所在地上一年度职工月平均工资标准，以六个月总额计算
8	被扶养人生活费	条例	以死者生前或者残疾者丧失劳动能力前实际扶养且没有劳动能力的人为限，按照其户籍所在地或者居所地居民最低生活保障标准计算。对不满十六周岁的，扶养到十六周岁。对年满十六周岁但无劳动能力的，扶养二十年；但是，六十周岁以上的，不超过十五年；七十周岁以上的，不超过五年
8	被扶养人生活费	司法解释	被扶养人生活费根据扶养人丧失劳动能力程度，按照受诉法院所在地上一年度城镇居民人均消费性支出和农村居民人均年生活消费支出标准计算。被扶养人为未成年人的，计算至十八周岁；被扶养人无劳动能力又无其他生活来源的，计算二十年。但六十周岁以上的，年龄每增加一岁减少一年；七十五周岁以上的，按五年计算。 被扶养人是指受害人依法应当承担扶养义务的未成年人或者丧失劳动能力又无其他生活来源的成年近亲属。被扶养人还有其他扶养人的，赔偿义务人只赔偿受害人依法应当负担的部分。被扶养人有数人的，年赔偿总额累计不超过上一年度城镇居民人均消费性支出额或者农村居民人均年生活消费支出额
9	交通费	条例	按照患者实际必需的交通费用计算，凭据支付
9	交通费	司法解释	交通费根据受害人及其必要的陪护人员因就医或者转院治疗实际发生的费用计算。交通费应当以正式票据为凭；有关凭据应当与就医地点、时间、人数、次数相符合
10	住宿费	条例	按照医疗事故发生地国家机关一般工作人员的出差住宿补助标准计算，凭据支付
10	住宿费	司法解释	受害人确有必要到外地治疗，因客观原因不能住院，受害人本人及其陪护人员实际发生的住宿费和伙食费，其合理部分应予赔偿

续表

序号	赔偿种类	赔偿依据	赔偿标准
11	精神损害抚慰金	条例	按照医疗事故发生地居民年平均生活费计算。造成患者死亡的，赔偿年限最长不超过六年；造成患者残疾的，赔偿年限最长不超过三年
		司法解释	死亡赔偿金按照受诉法院所在地上一年度城镇居民人均可支配收入或者农村居民人均纯收入标准，按二十年计算。但六十周岁以上的，年龄每增加一岁减少一年；七十五周岁以上的，按五年计算
12	营养费	司法解释	营养费根据受害人伤残情况参照医疗机构的意见确定

1.2.2 人民调解

人民调解的本质是一种人民群众进行自我管理、自我服务、自我约束、自我教育的群众性自治活动。① 2010年《中华人民共和国人民调解法》从法律的层面对人民调解工作进行了规范，依托村民委员会、居民委员会、企事业单位设立人民调解委员会，乡镇、街道、社会团体和其他组织亦可参照。人民调解委员会的调解范围为民间纠纷，包括发生在公民与公民之间，公民与法人和其他社会组织之间涉及民事权利义务争议的各种纠纷。调解双方当事人经人民调解委员会达成的调解协议，具有法律约束力，当事人应当依照约定履行。如果双方当事人认为有必要，可以自协议生效之日起三十日内共同向人民法院申请司法确认。大部分医患纠纷属于民事关系范畴，因此可以纳入人民调解的范畴。各地在探索医患纠纷解决模式时，都将人民调解作为主要方式之一。

从目前各地实践来看，主要有以北京、天津、上海等地为代表的由政府财政保障的专门医疗纠纷人民调解委员会②，以山西等地为代表的由保险经纪公司保费佣金作保障的专门医疗纠纷人民调解委员

---

① 王胜明、郝赤勇：《中华人民共和国人民调解法释义》，法律出版社，2010，第2页。
② 北京的医疗纠纷人民调解委员会由原"北京卫生法学会医疗纠纷调解中心"和"北京医学教育协会医疗纠纷协调中心"整合而成，工作经费由北京市财政予以保障，也接受社会捐赠、公益赞助。天津的医疗纠纷人民调解委员会由天津市人民调解员协会设立，工作经费和人民调解员补贴费用全部由天津市财政予以保障。

会①，以宁波等地为代表的医疗纠纷保险理赔机构和医疗纠纷人民调解委员会合作调解模式。②

人民调解有着促和、高效等优势③，据司法部透露，从2010年到2013年9月，全国医疗纠纷人民调解委员会共化解医疗纠纷22.8万件，其中仅2013年1~9月就化解医疗纠纷44484件，成功率在86%以上。

虽然人民调解具有上述优势和成绩④，但是也存在着诸多问题。首先是调解队伍的稳定性，调解成功的关键在于调解员的专业素质和工作投入程度，而对于医患纠纷而言，调解人员的专业性尤为关键。目前各地调解员队伍中的专业人员多为兼职，在报酬不能与其从事居中第三方工作所得相匹配的情况下，稳定队伍，或者说真正发挥调解员作用存在一定的困难。其次，由于调解讲究效率，过程中缺乏技术鉴定，造成行政部门无法判断医方在诊疗过程中是否存在过错，给卫生行政部门带来监管的盲区，不利于对医疗卫生机构进行监督和技术指导⑤。再次，很多地区都有工作经费不足的问题，而在"山西模式"和"宁波模式"下，医调委的活动经费其实是由医院支付的，这样医院便成了医调委的"衣食父母"，因此医调委的中立性便不能得到保障。保险公司既作为医疗责任险代理机构，又作为调解的第三方，在调解时会涉及自己的赔付数额，很难做到一碗水端平，因此

---

① 2006年10月，山西省设立了全国首家省级专业医患纠纷人民调解组织——山西省医疗纠纷人民调解委员会，是经过山西省司法厅批准，由山西省科协主管、在山西省心理卫生协会领导下的社团组织。参见姜贤飞、余淳、朱方、廖志林《医疗纠纷人民调解委员会定位的尴尬与思考》，《现代预防医学》2011年第8期，第25页。
② 政府主导成立宁波市医疗纠纷理赔处理中心和医疗纠纷人民调解委员会，前者是宁波市政策性医疗责任保险共同体下属的专业从事医疗纠纷处置与理赔的保险部门。发生纠纷后，先由医疗纠纷理赔处理中心出面协商，对于理赔协商成功的案件，将申请医疗纠纷人民调解委员会签订调解协议书，对协商结果进行确认；对于理赔协商不成功的纠纷，双方申请人民调解，理赔中心参与后续解决过程。理赔中心的运行经费来自每年医疗责任保险保费。
③ 范愉：《〈中华人民共和国人民调解法〉评析》，《法学家》2011年第2期，第1~12页。
④ 各地调解机构具体成绩见周寒梅《政府为医患调解"埋单"建立咨询专家制度》，《上海法制报》2014年2月21日，第A02版；姜贤飞、余淳、朱方、廖志林《医疗纠纷人民调解委员会定位的尴尬与思考》，《现代预防医学》2011年第8期，第25页。
⑤ 顾桂国等：《引入人民调解机制解决医患纠纷初探》，《中国卫生事业管理》2007年第6期，第24页。

不能算作真正意义上的第三方①。最后，调解并非强制性行为，因为调解是自愿的，任何一方当事人都可以随时退出调解，不像诉讼或者仲裁程序，一旦开始，就必须形成一个具有法律效力的结果。

1.2.3 法院诉讼

诉讼是通过法律解决社会矛盾的手段，其程序性、法律专业性、司法公正性和强制性不应被怀疑。最高人民法院于 2008 年发布的《民事案件案由规定》对可诉医患纠纷进行了规定，包括医疗服务合同纠纷和医疗损害责任纠纷，后者又包含了侵害患者知情权纠纷和医疗产品责任纠纷。不过，法院解决医患纠纷，除了其耗时较长的司法程序、僵硬的依法判决思路不利于患者尽快恢复情绪和化解医患矛盾外，还存在法官缺乏医学专业知识的问题。

由于法官并非医学专家，出于对法官缺乏医学专业知识的担忧，医患双方对法官能否看懂病历、能否发现或理解关键事实心存疑虑。② 因此法官在判断具体的医疗行为是否存在过错，以及过错与患者损害之间是否有因果关系时，往往离不开相关医疗鉴定。在深圳市中级人民法院的一份判决书中，法官有过这样的表述："医疗是一项专业性、技术性很强的专业活动，医院和医生在诊疗过程中是否违反了医疗常规、是否存在医疗过错、与患者的损害结果之间是否存在因果关系，审判人员很难通过查阅繁杂的病历资料而得出结论，必须依靠专业人员进行技术鉴定来确定。"③ 但对于鉴定结论这一科学证据，不论是争议中的医患双方，还是处于裁判地位的法官，都存在一定的判断困难。首先，鉴定意见作为科学证据只能帮助法官认定事实，而不能代替法官认定事实，法官仍应对相关的鉴定结论进行审查。但法官缺乏相应的医学知识，难免使具体的审查、判断流于形式。其次，鉴定机构的鉴定结论多为对医疗行为的客观性描述，少有定性的明确评价，由于法官缺乏相关的医疗知识，因此在审查鉴定结论时显得力不

---

① 王岳：《医事法》（第 2 版），人民卫生出版社，2013，第 50 页。
② 余明永：《医疗损害责任研究》，法律出版社，2015，第 20 页。
③ （2015）深中法民终字第 2706 号。

从心。[①]

此外，诉讼具有固有的负价值，流程耗时长，虽然可以弥补损失，但不利于互相利害关系的调整[②]，往往难以结案，不利于医患纠纷的和谐解决。

1.3 仲裁解决医患纠纷的优势及其确立

1.3.1 仲裁纠纷解决模式的优势

在我国，仲裁是指纠纷当事人在自愿的基础上达成协议，将纠纷提交仲裁机构审理并作出对争议各方均有约束力裁决的纠纷解决制度。[③] 需要指出的是，这里所说的仲裁是商事仲裁，即以当事人意思自治为前提的仲裁，而法定的诉讼前置性仲裁，如劳动仲裁，因为具有非协议仲裁、地域管辖和裁决可诉性等特点，在定位上与商事仲裁有着本质的区别。医患仲裁目前宜纳入商事仲裁范畴，这一点在后文中再讨论。相比于其他第三方介入纠纷的解决方式，仲裁具有以下优势。

1.3.1.1 仲裁兼具程序规范性和自主性

仲裁在程序形式上最接近于诉讼，有着较为完备的法律依据，能够最大限度地保证作为第三方的仲裁者的公正性。《中华人民共和国仲裁法》对案件的申请和受理、仲裁庭组成、开庭和裁决作出了较为详细的规定。同时，仲裁也具有很强的自主性，纠纷当事人对仲裁机构、仲裁员、案件程序、仲裁地、开庭地、仲裁语言、仲裁法律适用都具有选择权。这是其他三种纠纷解决方式所不具备的。

1.3.1.2 仲裁员可以具有医学专业知识

相比于法官专业知识的单一性，仲裁机构可以吸收医学专家作为仲裁员直接参与案件审理，因此其对于关键专业问题的判断、对于医疗过程的

[①] 吕锐：《构建和谐医患关系：法律的冲突与协调——以鄞州法院审理医疗纠纷为样本》，《法律适用》2009 年第 12 期，第 91 页。
[②] 林文学：《医疗纠纷解决机制研究》，法律出版社，2008，第 131~134 页。
[③] 黄进、宋连斌、徐前权：《仲裁法学》，中国政法大学出版社，2008，第 1 页。

把握相对较好，特别是在庭审的时候，能够更有效地与当事人进行沟通。因此相对于法院诉讼，仲裁机构在医疗专业问题的判断和解释上更具优势。从深圳医患纠纷的实践来看，在三名仲裁员组成的仲裁庭中，会有两位医学专家仲裁员对医学专业问题进行把握，其并不绝对依赖司法鉴定意见作出判断。当两位医学专家仲裁员对某一具体问题把握不准时，也可以请对该问题更有发言权的医学专家给出意见，帮助其进行判断。

1.3.1.3　仲裁活动兼具灵活性和约束性

仲裁兼具灵活性和约束性。灵活性是指当事人可以在法定框架内对仲裁程序的步骤和具体开展方式进行约定，不像行政调解和法院诉讼那样受到程序的刚性约束。同时，仲裁机构的裁决又有法律约束力，作出的裁决具有与法院判决相同的法律效力，具有强制执行力。

此外，仲裁中也可以开展调解工作，但与人民调解有所不同，首先，仲裁员的准入门槛比调解员更高；其次，仲裁中调解不成的结果是由仲裁庭依法作出有约束力的裁决；最后，更为重要的是，仲裁中的调解是仲裁程序开始后进行的，是仲裁程序中的一个法定阶段，即调解阶段，此时仲裁员已经对案件事实等基本情况有了掌握，双方当事人在经过庭审辩论后对己方的过错也有了一定的认识，此时调解就有了较好的基础，可以很大程度上避免出现普通调解中的漫天要价、"和稀泥"等问题。①

1.3.1.4　仲裁结果具有良好的保密性

仲裁重视对当事人隐私的保护，对于医疗纠纷案件来说，这种保密性对医患双方都有利。由于医疗纠纷案件常常涉及患者的隐私，除非出于得到社会舆论支持的考虑，否则一般情况下患者及家属不希望患者的情况为他人知晓，而医方出于社会影响考虑，也不希望公开审理医疗纠纷案件，但司法审判的特性使其过程和结果必须以公开性为一般原则。而民商事仲裁一般以不公开为原则，仲裁的整个程序和裁决都不向仲裁当事人以外的人公开（包括新闻媒体），仲裁机构、仲裁员以及当事人负有保密义务。整个仲裁过程可以较少受到外界干扰，医患双方在自愿、保密的前提下进行

---

① 马文建：《深圳医事仲裁中的调解与人民调解的比较》，《辽宁医学院学报》（社会科学版）2015年第2期，第7~10页。

仲裁，降低了出现激烈对抗的可能性，可以促使矛盾顺利解决。这显然有利于减缓医患矛盾和冲突，有利于公正审理、解决医疗纠纷。①

1.3.1.5 仲裁的高效性

高效是仲裁追求的价值之一，《深圳仲裁委员会仲裁规则》对医患纠纷案件规定了三个月的审限，本身就低于一审法院的六个月审限。实践中，根据广东省高级人民法院的统计，2014 年广东省法院系统医患纠纷案件的平均审限是 1.9 年，而深圳医患纠纷仲裁院的案件平均审限是 23 个工作日，可见，仲裁因为其灵活的程序和充分尊重当事人意思自治性的特点，相比于司法审判在效率方面有着一定的优势。

1.3.1.6 跨国执行性

1958 年联合国《承认及执行外国仲裁裁决公约》规范了各国承认和执行外国仲裁裁决的条件和程序，目前该公约已经有 156 个缔约国。② 而目前还没有一个关于执行外国法院判决的全球性公约。因此，一国的仲裁裁决要比法院判决更易在外国得到执行。虽然国外医疗机构在国内开展医疗活动的情况还不多，但随着国家改革的进一步深入和国内服务市场的进一步开放，会有越来越多的国外医疗机构进入国内开展业务，这也对国内医患纠纷的裁判文书的跨国执行提出了要求。

1.3.2 深圳医患纠纷仲裁院的设立及受案情况

虽然仲裁在解决医患纠纷方面具有上述优势，但要将医患纠纷纳入仲裁机构的受案范围、建立起一套可行的制度并非易事，既要解决诸多理论和实际问题，也需要有决心、有能力、有实力的仲裁机构愿意站出来负责该项棘手的工作，为解决医患纠纷的新方式进行探索。2002 年底，洛阳仲裁委与洛阳市卫生局联合下发文件，规范医疗合同文本中约定处理医患纠纷的仲裁方式。③ 2003 年，合肥仲裁委与合肥市卫生局合作解决过医患纠纷。④ 2006 年

---

① 杜立、郭玉军：《浅析医疗事故争议的仲裁解决》，《医学与哲学》（人文社会医学版）2007 年第 9 期。
② 联合国国际贸易法委员会网站，http://www.uncitral.org，登录时间：2016 年 4 月 26 日。
③ 冯正骏：《医疗损害司法鉴定实务》，浙江工商大学出版社，2015，第 158 页。
④ 吴明：《另辟蹊径：解决医患纠纷的探索》，《中国劳动保障报》2004 年 4 月 9 日。

底,天津仲裁委员会设立医疗纠纷调解中心,受理事实清楚、责任明确,当事人仅对赔偿方案有争议的医患纠纷。[①] 2009年清远仲裁委员会联合南方医科大学成立"清远仲裁委员会医疗仲裁中心"。

2010年1月22日,深圳市人民政府以政府令的形式发布了《深圳市医患纠纷处理暂行办法》(深府〔2010〕214号),该办法第十八条第三款规定:"市政府应当依法完善仲裁委员会的医患纠纷仲裁机制。"2010年9月14日,深圳市机构编制委员会发布深编〔2010〕55号文件,批准深圳仲裁委员会设立医患纠纷仲裁院。根据上述政府令和编委文件的精神,深圳仲裁委员会于2010年10月12日正式设立深圳医患纠纷仲裁院。而在2013年施行的《广东省医疗纠纷预防与处理办法》[②]第七条也明确提出,有条件的地级以上市可以施行医疗纠纷仲裁。

深圳医患纠纷仲裁院为深圳仲裁委员会处理发生在深圳市内的医患纠纷的常设机构,仲裁院由院长、副院长、立案秘书、仲裁庭秘书组成。仲裁院拥有一支由社会责任心强、专业素质高、公道正派的医学专家和法学专家共同组成的仲裁员队伍。任何医患纠纷仲裁案件,无论标的额大小,仅收仲裁费100元。

其主要工作职责有八个方面:一是制定《医患纠纷仲裁规则》;二是负责医患纠纷仲裁员的选聘和培训;三是进行医患纠纷案件的受理、调解和仲裁;四是对医患纠纷仲裁工作进行指导;五是进行医患纠纷仲裁案例的研讨和汇编;六是与司法鉴定机构联系和沟通;七是与医疗机构和医疗行政管理部门联系和沟通;八是对医患纠纷仲裁工作经验进行总结和宣传。

深圳医患纠纷仲裁院自成立以来,积极组织案件管理人员和仲裁员钻研业务,完善各项制度,依法受理和审理案件。5年来处理案件的具体情况如图12~图16所示。

[①] 林文学:《医疗纠纷解决机制研究》,法律出版社,2008,第106~108页。
[②] 2013年1月14日广东省人民政府第十一届110次常务会议通过。

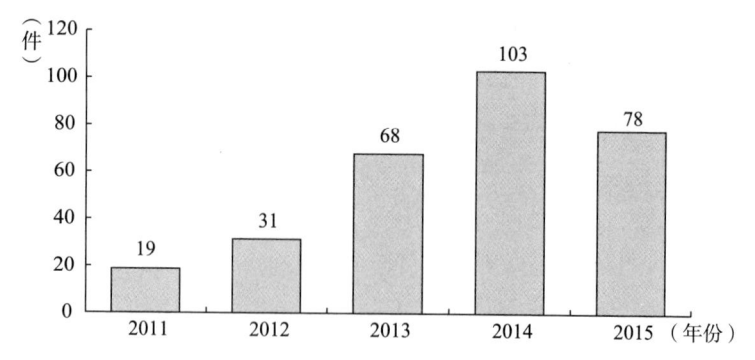

图 12　深圳医患纠纷仲裁院成立以来历年受案情况统计

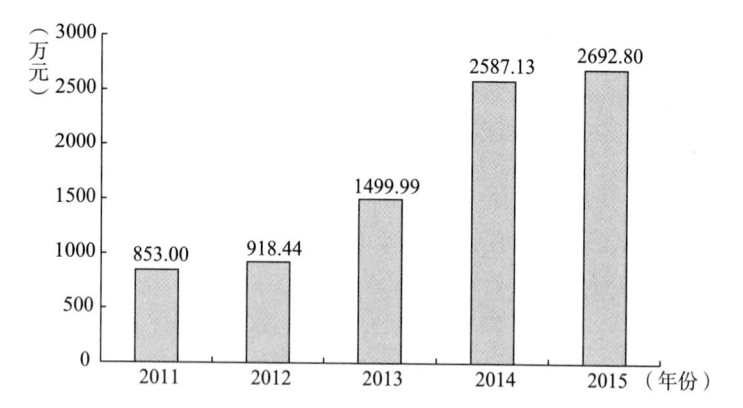

图 13　深圳医患纠纷仲裁院成立以来历年受案标的统计

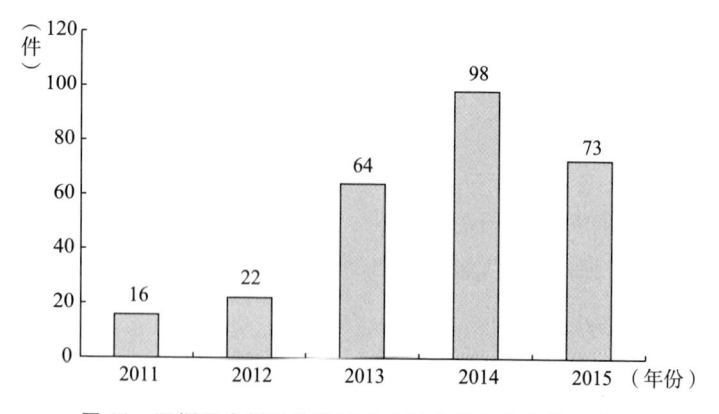

图 14　深圳医患纠纷仲裁院成立以来历年结案情况统计

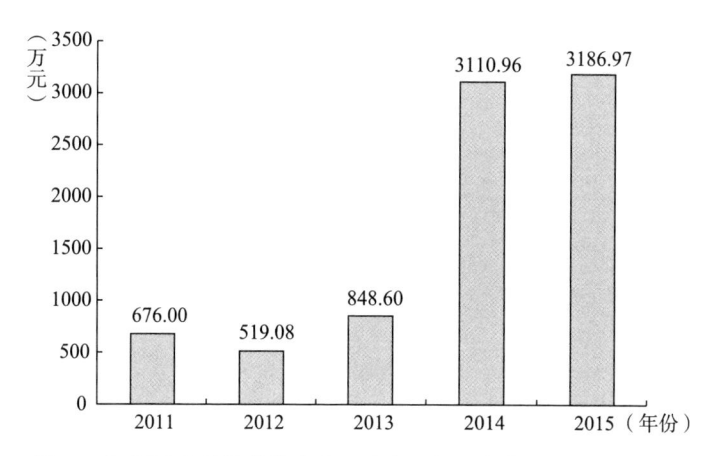

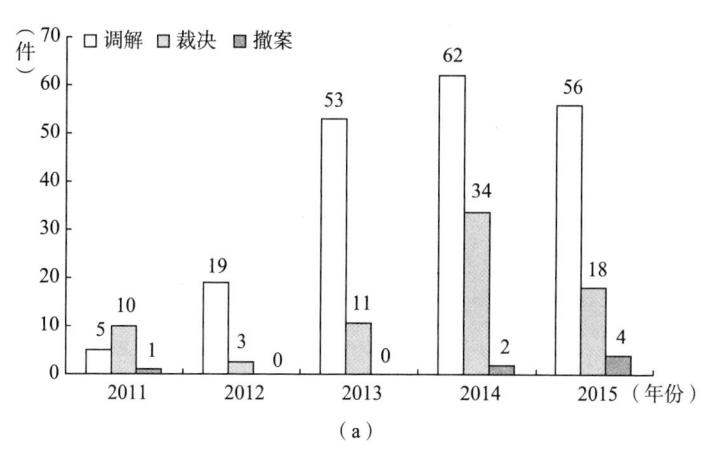

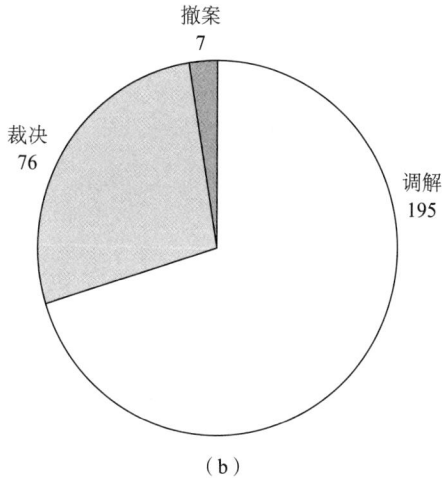

图15 深圳医患纠纷仲裁院成立以来历年结案案件标的情况统计

(a)

(b)

撤案 3%
裁决 27%
调解 70%

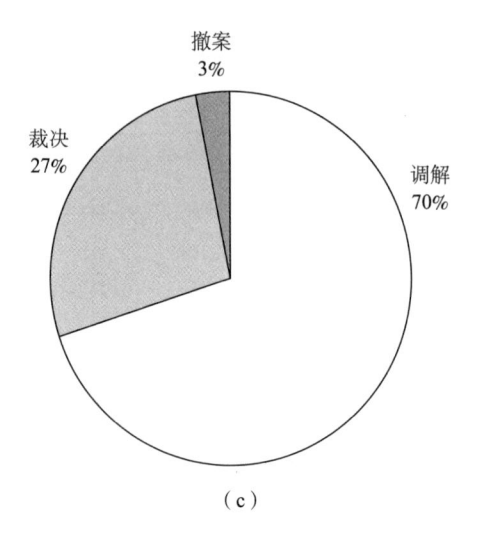

（c）

图16 深圳医患纠纷仲裁院成立以来历年裁决、调解、撤案结案情况统计

据有关数据统计，2014年广东省法院系统共受理医患纠纷案件1061件，深圳市法院系统共受理医患纠纷案件271件，当年深圳医患纠纷仲裁院受理的案件共103件，超过深圳市法院系统受理案件的1/3。深圳医患纠纷仲裁院成立以来，积极发挥专业优势，广泛联络相关单位，为深圳的医患纠纷解决作出了一定的贡献。目前卫生行政主管部门和各大医院都比较欢迎以仲裁的方式处理医患纠纷，在调解不成的情况下，倾向于引导当事人通过仲裁解决纠纷。

第 2 章　医患纠纷仲裁基本法律问题

2.1　医患纠纷概述

2.1.1　医患纠纷的概念和种类

医患纠纷是一个大概念[①]，字面上可以理解为医方[②]和患方[③]之间产生的纠纷，纠纷可能由患者接受医疗服务引起，也可能由与医疗服务无关的其他法律事实[④]引起。[⑤] 医疗服务包含了诊疗康复、预防保健和特殊服务[⑥]等，种类较为复杂；而其他法律事实虽然与医疗服务没有直接关系，但也是由患者到医院看病引起的。因此将医患纠纷定义为"医方（医疗机构及医护人员）[⑦] 与患方（包括患者及患者近亲属）之间围绕诊疗护理服务活动产生的争执"[⑧] 比较贴切。

[①] 与"医患纠纷"相近的概念有"医疗纠纷""医疗事故纠纷""医疗损害赔偿纠纷"等，具体见邱爱民、郭兆明《医疗纠纷立法与处理专题整理》，中国人民公安大学出版社，2012，第 3~4 页。

[②] 医方通常指依法取得《医疗机构执业许可证》的医疗机构和有执业资格的医务人员。

[③] 患方通常为自然人，同时具备生物学属性和社会属性。胎儿在法律上不属于自然人，对其损害应归属于孕妇，参见徐莹钧、王国飞《准确把握〈医疗事故处理条例〉精神　保护医患双方合法权益》，《中医药管理杂志》2008 年第 11 期，第 814 页。

[④] 如医院泄露患者信息，患者在医院就餐时发生食物中毒，患者在医院内走动时因地面潮湿滑倒受伤等。

[⑤] 邱爱民、郭兆明：《医疗纠纷立法与处理专题整理》，中国人民公安大学出版社，2012，第 5 页。

[⑥] 特殊服务如医学整容、医学美容、非生理必要变性、采用医学技术怀孕等，参见杨平《医患关系种类研究》，《中国卫生法制》2002 年第 3 期，第 13~14 页。

[⑦] 《深圳市中级人民法院关于医疗损害赔偿纠纷案件的裁判指引（2014 修订）》中将医疗损害责任纠纷中的医疗机构界定为"取得《医疗机构执业许可证》，提供诊疗服务的医院、卫生院、疗养院、门诊部、诊所、卫生所（室）以及急救站等机构"。

[⑧] 王才亮：《医疗事故与医患纠纷处理实务》，法律出版社，2002，第 4 页。

医患纠纷及其下位概念关系如图 17 所示。

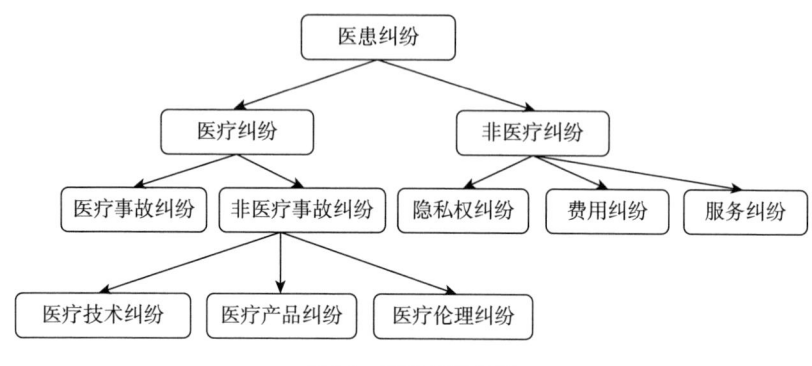

```
                    医患纠纷
                   /        \
              医疗纠纷        非医疗纠纷
              /    \         /    |    \
        医疗事故纠纷  非医疗事故纠纷  隐私权纠纷  费用纠纷  服务纠纷
                    /    |    \
             医疗技术纠纷  医疗产品纠纷  医疗伦理纠纷
```

图 17　医患纠纷分类

可以看出，医患纠纷包括医疗纠纷和非医疗纠纷，其中非医疗纠纷指"医患双方争议的焦点不是诊疗护理引起的不良后果，而是因为其他非诊疗护理因素导致的纠纷"[1]。而医疗纠纷又可以分为医疗事故纠纷和非医疗事故纠纷。目前学界对上述纠纷类型的概念定义大致如下。

1. 医疗纠纷："是指患者因购买、使用或者接受医疗服务与医疗机构发生的纠纷。""是医患纠纷的一种，是指医患双方对医疗后果及其原因认识不一致而发生了争议，或者在诊疗过程中发生医疗事故、医疗差错产生的纠纷"[2]。"可以理解为患者或其家属对医院诊疗护理工作或治疗结果不满，或者由于医务人员诊疗护理工作出现失误，导致患者诊疗延期或痛苦增多，甚至发生伤残或死亡等情况引发的医院或医务人员与患者或患者家属之间的纠纷"[3]。

2. 医疗事故纠纷：2002 年国务院公布实施的《医疗事故处理条例》将医疗事故定义为"医疗机构及其医务人员在医疗活动中，违反医疗卫生管理法律、行政法规、部门规章和诊疗护理规范、常规，过失造成患者人身损害的事故"。该条例将医疗事故分为四个等级，授权国务院卫生行政部门制定具体分级标准。可见，医疗事故应以存在医方过失为前提，而且必须

---

[1] 高祥阳、陈宇主编《医患纠纷·医疗事故赔偿·患者维权完全手册》，中国城市出版社，2003，第 5 页。
[2] 郭永松：《医患纠纷调解之路》，人民卫生出版社，2013，第 6 页。
[3] 高祥阳、陈宇主编《医患纠纷·医疗事故赔偿·患者维权完全手册》，中国城市出版社，2003，第 4~5 页。

符合国务院卫生行政部门制定的标准，通常情况下还需进行医疗事故技术鉴定。医疗事故以外的医疗纠纷可以纳入非医疗事故纠纷范畴。

3. 医疗过错纠纷：通常指因医方的诊断、治疗过错或医患双方对医疗过错和结果的理解不一致产生的纠纷。

4. 医疗用具质量纠纷：指因为医疗用具产品质量问题导致患方受到损害产生的纠纷，这里的医疗用具包括医治人的疾病所使用的药品、医疗器械和医疗辅助用品。因为通常医疗用具的提供者为医方，而且根据《侵权责任法》和《产品质量法》的规定，患方有权向医方或用具生产者索赔，所以也可以纳入医患纠纷的范畴，但此种情况下对医方的归责原则应与一般医疗纠纷中的过错原则有所区别。

5. 医疗用药质量纠纷：指因为医疗用药，包括药品和血液质量问题导致患方受到损害产生的纠纷，其原理与医疗用具质量纠纷相同。需要指出的是，如果是由于医方用药不当而非药品本身的质量问题造成的损害，则属于医疗事故纠纷或医疗过错纠纷。

本书书名取"医患纠纷"的说法，主要是考虑到"深圳医患纠纷仲裁院"的名称，实际上仲裁院处理的大多数案件可以归结到医疗纠纷这一较小的范畴。当然，理论上并不排除医患双方当事人将非医疗纠纷提交仲裁院仲裁解决的可能性。

2.1.2 医患纠纷的法律性质

在社会分工日益细化的今天，任何社会关系的定位都要考虑其特点。大多数医患纠纷源于医疗行为，我国目前的医疗行为有着较强的公益性，医疗结果有着不确定性，医疗手段具有高度专业性，医疗过程具有侵袭性和风险性。[①] 这些都是对医患关系进行法律定性时需要考虑的因素。

2.1.2.1 属于何种民事关系

对于医患纠纷属于何种法律关系，学界曾经有过争议，但目前趋于一致，总体上认为其属于民事法律关系范畴，"行政说""公益说"随着我国

---

① 余明永：《医疗损害责任研究》，法律出版社，2015，第6页。

的医疗卫生体制改革逐步退出理论探讨和法律实践历史舞台①，而"医事关系说"或"社会关系说"虽然符合医患关系实际，但在我国现行法律框架下无法应用。②

民事法律关系中的平等、合同自由、公平、诚实信用、公序良俗、禁止权力滥用等原则③，使其区分于刑事法律关系和行政法律关系。就医患纠纷而言，其主体是平等的医疗机构及医护人员和患者，双方通过意思自治建立服务关系，在经济上属于商品货币交换关系，服务过程中双方除了要做到基本的诚实守信外还需要尽到高度的真实陈述和注意义务。④

而在"合同说"和"侵权说"的框架下，主流观点也认为医方和患方首先形成合同关系⑤，此合同是一种不同于《合同法》规定中的委托合同、

---

① "公益说"认为由于新中国成立以来医疗卫生长期实行计划体制，经费靠财政维系，医患双方并非完全意义上的契约关系，医生向医院负责而不对患者负责，福利色彩较浓，医疗机构不是一般意义上的经营者，医患关系应由行政法予以调整，参见鲜颖《医患关系是一种特殊的民事法律关系》，《中国高等医学教育》2007年第11期，第96页。"行政说"则根据医疗行业中的一些非自愿特征否定医疗实践中的医患关系为民事法律关系。该观点认为，在医疗实践中，医方不能选择与拒绝患者，亦即医方没有理由拒绝患方的医疗服务请求，因而医患之间不存在自愿特征，据此推论医患关系不属于民事法律关系。但从行为特征看，医患关系是服务与被服务的关系，而不是所谓的管理与被管理的关系。虽然患者一旦进入医疗过程就应遵照医生的安排与管理，但这一"管理"只是为了达到让患者尽快康复的目的，而不会形成命令与服从关系。把医患关系看作管理与被管理的关系不过是过去的医生简单下命令、患者机械地听从命令的旧有医患模式的体现。实际上，随着人们的知识文化水平、法律意识的提高和市场经济的发展，医务人员必将成为"卫生服务提供者"，参见黄文进《医患关系的认识与医疗纠纷诉讼的法律适用原则》，《现代医药卫生》2004年第5期，第390~391页。
② 孔繁军：《医患法律关系属性论纲》，《中国卫生法制》2005年第6期，第12~20页。
③ 梁慧星：《民法总论》，法律出版社，1996，第48~50页。
④ 何雁：《医患关系与医疗合同》，《牡丹江师范学院学报》（哲学社会科学版）2005年第6期，第25页。
⑤ 黄文进：《医患关系的认识与医疗纠纷诉讼的法律适用原则》，《现代医药卫生》2004年第5期，第390~391页。也有人认为由于医疗行为的专业性，患者根本就无法估算出某一医疗行为的市场价值，因此也就无法提出要约中最重要的价格调控，而医院通过开业和公开自己的等级、医疗设备、特色、服务质量和价格完成了要约行为。因此医患双方合同关系成立于患者挂号时，医方向患者发出挂号单即为承诺并到达要约人的一种证明，具体见颜赟赟《医患关系和医疗合同立法探析——兼论对医疗纠纷的本源遏制》，《中国民商法实务论坛论文集》2010年第1期，第369页。但也有学者通过对医患关系和《合同法》规定的比较，认为医患关系不是民事合同关系，但并没有给出结论，见蔡志刚《医患关系绝非民事合同关系》，《学理论》2010年第24期，第54~57页。

承揽合同的无名服务合同,即医疗机构为患者诊治疾病提供医疗技能、知识、技术,患者支付医疗费用的合同。基于医患关系特有的主体资格限制性①、信息不对称性②、强制缔约性③和结果不确定性④等特质,其区别于一般的民事服务合同关系。在此后的医疗过程中,基于医疗服务的特性,可能会对患者的生命权、身体权、健康权、隐私权等权利产生损害,而《侵权责任法》保护的民事权益又包括生命权⑤、健康权⑥、隐私权⑦,因此会产生"违约性的侵权行为"⑧,此时医患双方又形成了侵权关系。患者可以依据医疗合同关系提起违约之诉,也可以依据损害结果提起侵权之诉。当然,这并不排除医患之间存在无因管理关系和强制医疗关系的可能,但生活中最常见的医疗关系仍为医疗合同关系,且患者或其关系人一旦承认医方在无因管理关系中为患者所做的医疗行为,则形成合同关系。而在强制医疗关系中,当医方履行了强制诊疗义务,同样视为医方作出了承诺,医患之间形成合同关系。⑨

而关于合同缔结过程,有人认为,实践中,一般情况下医疗服务合同没有书面或口头的形式,医患双方均是以其行为来表征合同的订立和履行,挂号单、手术单、住院登记表等即是行为的证明,据此可知,医疗合同是通过医患双方默示的行为表现出来的。⑩ 医患合同关系的建立始于患者去医

---

① 即只有获得医师资格证书并注册登记的,才能以医师的名义进行医疗业务活动。
② 即基于医疗的专业性和技术性,诊疗过程中患者对医方采取的医疗手段和个人病情等信息不能完全知悉。
③ 即基于社会公共利益的考虑,法律规定患者有选择医方的权利,但医方没有拒绝救治患者的权利。
④ 即基于疾病的个体性和医疗技术的有限性,患者只能出于对医生的信赖,期待医依其技能实施适当的诊疗,而不能以特定的诊疗结果为合同内容。
⑤ 生命权指以自然人的生命安全利益为内容的人格权,以生命安全和生命维持为客体,以维护人的生命活动延续为基本内容。
⑥ 健康权指自然人以其机体生理机能正常运作和功能完善发挥,并以其维持人体生命活动的利益为内容的人格权。
⑦ 隐私权指自然人享有的对其个人的,与公共利益、群体利益无关的个人信息、私人活动和私有领域进行支配的人格权。
⑧ 此种构成具体见王利明《违约责任论》,中国政法大学出版社,1996,第300页。
⑨ 韩玉胜:《医患纠纷法律解读》,法律出版社,2015,第17页。
⑩ 颜赞赞:《医患关系和医疗合同立法探析——兼论对医疗纠纷的本源遏制》,《中国民商法实务论坛论文集》2010年第1期,第368页。

疗机构挂号、医疗机构发给患者挂号凭据。患者前往医疗机构挂号的行为等同于合同法上的要约,医疗机构发给患者挂号凭据的行为等同于合同法上的承诺。因此,医疗机构发给患者挂号单即意味承诺生效,医患之间的医疗服务合同即告成立。① 也有人认为由于医疗行为的专业性,患者根本就无法估算出某一医疗行为的市场价值,因此也就无法提出要约中最重要的价格调控,而医院通过开业和公开自己的等级、医疗设备、特色、服务质量和价格完成了要约行为。因此医患双方合同关系成立于患者挂号时,医方向患者发出挂号单即为承诺到达要约人的一种证明。②

在目前的法院司法实践中,医患纠纷案件中只存在三种案由,即医疗无因管理纠纷、医疗服务合同纠纷与医疗事故损害赔偿纠纷。进一步分析的话,医方医疗费请求权属于债权请求权;如果患者因未治愈,或者因治疗前与治疗后并无区别提出返还医疗费用,也属于债权请求权。另外,如果患者病情恶化或引起其他问题,则违约责任请求权与人身权请求权产生竞合。这时如果患者起诉至法院,就要根据其所依据的请求权来确定纠纷案由。但无论如何,这些都属于民事案件的范畴。

2.1.2.2 是否属于消费关系

这里其实有两个问题,首先是医患关系是不是消费关系,其次是医患关系是否属于《中华人民共和国消费者权益保护法》(以下简称《消费者权益保护法》)中规定的消费关系,即可否使用该部法律来调整医患关系。

有人认为,医患双方在法律上是平等的,关系是等价有偿的,意思自治原则贯穿于关系全过程。另外患者购买医疗服务也是为了满足生活需要,且处于弱者地位,因此需要更多保护③,并享有《消费者权益保护

---

① 黄文进:《医患关系的认识与医疗纠纷诉讼的法律适用原则》,《现代医药卫生》2004 年第 5 期,第 390~391 页。
② 颜赟赟:《医患关系和医疗合同立法探析——兼论对医疗纠纷的本源遏制》,《中国民商法实务论坛论文集》2010 年第 1 期,第 369 页。
③ 兰芳:《试论医患关系是否适用〈消费者权益保护法〉》,《法制与社会》2009 年第 7 期,第 115~116 页;黄祥:《医患关系纳入消法调整之思辨》,《人民法院报》2011 年 2 月 16 日第 005 版。

法》中规定的消费者应当享有的安全权、知情权、自主选择权、公平交易权、损害赔偿请求权、获得知情权、互动尊重权、监督权等[1]，因此适用《消费者权益保护法》。也有学者认为，可以将医疗机构或医务人员对患者的过度诊疗行为看作一种消费上的欺诈行为，根据《消费者权益保护法》的规定，欺诈行为的赔偿为双倍赔偿，因此医疗机构实施过度检查行为的，应当双倍退回不必要诊疗的费用，造成患者其他损害的，还应当承担赔偿责任。[2]

但更多人认为，医院所提供的服务绝对不是以营利为第一目的的，具有极强的公益性，医疗机构的经营行为具备一定的社会福利性，医疗机构作为经营者需要比其他经营者承担更多的社会责任，医患关系也就呈现出更为明显的社会属性，因此医患纠纷不适用《消费者权益保护法》。[3] 此外，医疗合同的强制缔约性、消费目的的非结果性、医方在服务中的决定权和医患双方的高度配合性也决定了医疗合同不属于一般的消费合同。[4] 从实践来看，医疗行为的高风险性决定了医疗结果的不确定性，医方是否构成"欺诈"是难以认定的[5]，再加上医生不可能将真实病情告诉每个患者，因此，"知情权"和"反欺诈条款"作为《消费者权益保护法》的核心条款和患者的法律武器在实践中是无法适用的。[6] 另外，保护消费者权益的救济手段，如安全权利、无过错责任、后悔期制度、惩罚性赔偿等也不适用于对患者的救助。[7]

目前，关于医疗关系是否适用《消费者权益保护法》的争论尚没有定

---

[1] 陈祥健、詹云燕：《医患关系应纳入〈消费者权益保护法〉的调整范围》，《福建政法管理干部学院学报》2005年第1期，第6~7页。
[2] 于香：《〈消费者权益保护法〉对医患关系的适用——以病人权利为中心的分析》，《中国卫生法制》2007年第4期，第34~36页。
[3] 郭永松：《医患纠纷调解之路》，人民卫生出版社，2013，第27页。
[4] 邢学毅：《医疗纠纷处理现状分析报告》，中国人民公安大学出版社，2008，第105~106页。
[5] 董毅：《医患纠纷的法律特性与消法49条》，《华商》2008年第16期，第66页。
[6] 熊理思、李鹏：《医患关系的法律调整路径选择——以医疗纠纷适用消费者保护法的非正当性为视角》，《人民司法》2014年第5期，第76页。
[7] 鲜颖：《医患关系是一种特殊的民事法律关系》，《中国高等医学教育》2007年第11期，第98页。

论,只有少数省份通过地方立法予以肯定。① 也有部分法院作出判决认为患者是消费者。笔者认为,从一般意义上来说,医患关系属于消费关系,但不属于《消费者权益保护法》中规定的消费关系,而因使用缺陷医疗产品产生的医患纠纷可以适用《消费者权益保护法》。

2.2 医患纠纷仲裁解决的可行性

2.2.1 医患纠纷的可仲裁性

如果选择在现有的民商事仲裁机构框架下处理医患纠纷案件,首先要理解可仲裁性的概念,可仲裁性指的是依据仲裁所适用的法律,可以通过仲裁解决的争议事项范围。换句话说,当事人提交仲裁解决纠纷的事项必

---

① 2000年《浙江省实施〈中华人民共和国消费者权益保护法〉办法》明确把医患关系纳入《消费者权益保护法》的调整范畴。其第二十五条规定:"医疗机构应当尊重患者对自己的病情、诊断、治疗的知情权。患者有权要求查阅、复印住院志、医嘱单、检验检查报告、手术及麻醉记录单等资料。因实施保护性医疗措施不宜让患者知情或者患者因故无法行使知情权的,患者家属有权查阅、复印上述资料。未经患者本人同意,医疗机构无合法理由不得公开患者病情。医疗机构应当按照规定收取医疗费用,详列计价单位的明细项目,并出具收据。"第二十六条规定:"医疗机构提供诊疗护理服务,因使用不合格药品、不合格医疗器械或者因违反医疗管理法律、法规、规章制度和诊疗护理规范及常规等诊疗护理过错造成患者人身伤害的,应当依法承担民事责任。构成医疗事故的,按照国家规定处理。"2005年《福建省实施〈中华人民共和国消费者权益保护法〉办法》第三十五条规定:"医疗机构应当按照医疗卫生管理法律、法规和诊疗护理规范提供诊疗护理服务,构成医疗事故的,按照国务院《医疗事故处理条例》处理。"第三十六条规定:"医疗机构及其医护人员应当规范书写并妥善保管病历资料,方便患者或者其亲属查阅或者复印处方笺、住院志、医嘱单、检验检查报告、手术及麻醉记录单等病历资料;未经患者或者其亲属同意,不得公开患者病情。医疗机构不得使用无生产批准文号的药品;不得限制门诊患者或者其亲属持处方笺在其他医疗机构或者医药商店购买药品,但医疗用的毒性药品、精神药品、麻醉药品及戒毒药品除外。"第三十七条规定:"医疗机构提供诊疗护理服务应当明示服务内容和收费标准,按照规定向住院患者或者根据门诊患者的需要出具详列收费项目、标准及金额的收费清单,不得收取未提供服务或者药品的费用,不得收取高于实际服务标准的费用,不得有其他违法收费的行为。"1996年《江苏省实施〈中华人民共和国消费者权益保护法〉办法》第十一条规定:"医疗卫生单位应当提高诊疗水平和服务质量,严格执行药品质量、价格规定和医疗收费标准,不得销售以日用品包装的药品或者将日用品作为药品推销,增加患者负担。"这一规定虽然没有明确将医疗服务纳入《消费者权益保护法》的调整范围,但它明确了患者是消费者,把医疗服务纳入了消费的范畴。

须在法律规定的可以仲裁事项的范围之内。这意味着某一事项进入仲裁程序必须得到当事人和法律的双重授权，并且当事人的授权必须在法律的授权范围以内。

有学者提出《中华人民共和国仲裁法》（以下简称《仲裁法》）规定的仲裁对象是以经济合同、财产为内容的经济纠纷，目的是维护市场经济健康发展。医患纠纷尽管以赔偿为目的，但它属于侵犯人身权的范围，而《仲裁法》的受案范围并不包含人身损害赔偿纠纷，因此医患纠纷不属于仲裁范围。[1]

不过，根据《仲裁法》第二条、第三条的规定，平等主体的公民、法人和其他组织之间发生的合同纠纷及其他财产权益纠纷可以仲裁；而"婚姻、收养、监护、扶养、继承纠纷"和"依法应当由行政机关处理的行政纠纷"不能仲裁。这里的"合同纠纷"应作广义理解，"合同"包括广义的民事、经济立法中的合同，"纠纷"指当事人因合同的变更、中止、转让、解除、终止等产生的争议，而"其他财产权益纠纷"可以理解为合同关系之外具有财产内容的任何纠纷，主要指各种侵权纠纷。医患纠纷涉及这方面的主要是医疗损害赔偿纠纷和医疗服务合同纠纷，从实践来看，当事人主要以人身损害赔偿提起侵权之诉，因此具有可仲裁性。也有学者提出建立医疗纠纷仲裁制度，认为医患纠纷多为民事纠纷，最终的解决也都落实到经济补偿上，因此可以发挥仲裁专业、公正、高效的优势。[2]

《深圳市医患纠纷处理暂行办法》第十八条规定："医患双方因医患纠纷依法向人民法院起诉或者向仲裁委员会申请仲裁的，任何组织和个人不得干涉。医患双方依照仲裁法规定达成仲裁协议，任何一方提出仲裁申请的，仲裁委员会应当受理。"《深圳仲裁委员会仲裁规则》第八十八条规定，患方因在深圳市医疗机构和计划生育技术服务机构（以下统称医疗机构）就诊，认为医疗机构及其医务人员实施的医疗、预防、保健等执业行为损害其合法权益而引发的争议适用"医患纠纷仲裁程序"一章的规定。即将

---

[1] 冯正骏：《医疗损害司法鉴定实务》，浙江工商大学出版社，2015，第157页。
[2] 方巍、方志林：《医患纠纷法律治理研究》，《福建政法管理干部学院学报》2008年第2期，第92~96页。

医方"执业行为"引起的各类民事争议纳入仲裁委员会的仲裁范围。至于具体哪些类型案件可以纳入受案范围,后文将作具体的探讨。

2.2.2 医患纠纷仲裁模式

就采取仲裁方式解决争议而言,国内的仲裁模式主要有两种,一是选择型仲裁,即当事人在纠纷发生后可以选择仲裁,也可以选择诉讼,一旦选择仲裁就不能选择诉讼。这是《仲裁法》规定的模式,主要处理一般的民商事案件。另一种是必经型,即当事人在纠纷产生后必须先仲裁,对仲裁裁决不服再到法院诉讼,即仲裁是诉讼的前置程序。我国的劳动仲裁即采取这种方式。不过,对于劳动仲裁中的某些情况,比如"追索劳动报酬、工伤医疗费、经济补偿或者赔偿金,不超过当地月最低工资标准十二个月金额的争议"以及"因执行国家的劳动标准在工作时间、休息休假、社会保险等方面发生的争议"的仲裁裁决为终局裁决,裁决书自作出之日起发生法律效力。

在讨论医患纠纷仲裁模式时,有学者认为可以将其纳入民商事仲裁的范畴,直接由各地的仲裁委员会在当事人自愿提交仲裁后进行管辖和处理;也有学者建议建立专门的行政仲裁机构(类似于劳动仲裁委员会)进行强制管辖。① 支持强制性医患仲裁模式的学者认为,首先,现阶段我国公民法律意识不强,对仲裁处理民事争议知之甚少。通过强制性仲裁模式可以促使人们亲身实践和体会仲裁的优越性。其次,我国仲裁机构处理医患纠纷经验不足、案例不多,一旦采用一裁终局制度的仲裁模式会使当事人有所顾虑。让当事人在仲裁后还可以向法院申请诉讼救济会增强其仲裁的积极性。最后,医患纠纷冲突较为激烈,当事人很难达成仲裁协议,采取强制仲裁模式可以避免这一问题。②

---

① 2007年《中华人民共和国劳动争议调解仲裁法》第五条规定:"发生劳动争议,当事人不愿协商、协商不成或者达成和解协议后不履行的,可以向调解组织申请调解;不愿调解、调解不成或者达成调解协议后不履行的,可以向劳动争议仲裁委员会申请仲裁;对仲裁裁决不服的,除本法另有规定的外,可以向人民法院提起诉讼。"

② 张利彬、蒲川:《建立医事仲裁前置制度的必要性和可行性探索》,《重庆医学》2012年第25期,第70页;方兴:《医患纠纷强制性仲裁机构构建探索》,《南京医科大学学报》(社会科学版)2013年第3期,第211页。

笔者认为之所以要建立专门的劳动仲裁制度，主要原因是劳动制度是我国经济社会发展中的重要制度，对经济社会发展具有支撑性作用，事关国计民生，而且劳动纠纷数量较大，纠纷类型也相对固定，因此有必要也有可能在行政机关下设立专业的事业法人仲裁机构进行强制性仲裁，采取调解加仲裁的方式将矛盾化解在一线，减少法院的受案压力。相比之下，医患纠纷毕竟是医疗过程中由各种原因引起的民事纠纷，虽然因为医疗本身的专业性而略显特殊，但无论是案件的性质还是现在的案件量都不适宜建立一个专门的前置仲裁机构，也没有法律的依据，因此还是在现有的民商事仲裁委员会下设立部门来开展该项工作较为稳妥，可以依据现有的实体法和程序机制处理纠纷。

2.3 医患纠纷仲裁院受案类型和法律适用

2.3.1 医患纠纷仲裁院可受理案件类型

从理论上来说，医患纠纷仲裁院的可受理案件类型主要包括以下几类。

①诊疗争议，即患方到医方就医，因医方的诊疗行为发生的争议，而此处的诊疗包括诊断、治疗、预防、保健等医方执业行为。

②费用争议，即患方与医方因为诊疗费用发生的争议，包括患方拖欠医疗费用、患方认为医方过度治疗发生不当费用、患方认为医方医疗费用计算错误等引起的争议。

③非医疗损害争议，即患方在医方诊疗时因为非诊疗行为发生损害，如滑倒或被其他医院人员或物体所伤害引起的争议。[①]

2.3.2 医患纠纷案件法律适用

根据以上案件类型，医患纠纷案件主要适用以下法律、行政法规和最高人民法院司法解释。

---

① 对于此类纠纷，目前深圳医患纠纷仲裁院不予受理，只能按照一般民商事纠纷提交深圳仲裁委员会进行仲裁。

①《中华人民共和国合同法》(1999年);

②《中华人民共和国侵权责任法》(2010年);

③《全国人民代表大会常务委员会法制工作委员会关于对法医类鉴定与医疗事故技术鉴定关系问题的意见》(法工委复字〔2005〕29号);

④《医疗机构管理条例》(2016年修订,国务院令第666号);

⑤《医疗器械监督管理条例》(2014年修订,国务院令第650号);

⑥《医疗废物管理条例》(2011年修订,国务院令第588号);

⑦《医疗事故处理条例》(2002年,国务院令第351号);

⑧《医疗用毒性药品管理办法》(1988年,国务院令第23号);

⑨《最高人民法院关于审理人身损害赔偿案件适用法律若干问题的解释》(2004年);

⑩《最高人民法院关于确定民事侵权精神损害赔偿案件责任若干问题的解释》(2001年)。

此外,地方性法规和地方政府规章对于案件审理也具有参考意义,在深圳,《深圳市医疗废物集中处置管理若干规定》《深圳市卫生局关于印发〈深圳市医疗机构设置规范〉的通知》《深圳市卫生局关于印发〈深圳市医疗执业风险保险管理办法〉的通知》《深圳市卫生局关于印发〈深圳市医疗机构输血科、血库、储血室设置规范〉的通知》《深圳市卫生局关于印发〈深圳市医疗机构间转诊制度(试行)〉的通知》《深圳市中级人民法院关于医疗损害赔偿纠纷案件的裁判指引》等文件对于仲裁庭审理案件具有参考价值,特别是在案件涉及判断医方管理行为是否存在过错时。

还需要强调的是,在仲裁庭审理案件时,医院对于各类病情的诊断和治疗规范可以作为技术性指导文件,用于判断医方的诊疗行为是否存在过错,深圳市卫生局于2007年10月在人民卫生出版社出版了《深圳市疾病诊疗指南》,分为上、中、下三册,目录如表2所示。这一指南中包括了对各类疾病治疗的指引和诊疗常规,对于后文中所说的判断医方是否尽到与"当时的医疗水平相应的诊疗义务"具有重要参考意义。

表2 《深圳市疾病诊疗指南》目录一览

第一章	急诊
第二章	心血管系统疾病
第三章	呼吸系统疾病
第四章	消化系统疾病
第五章	神经系统疾病
第六章	血液系统疾病
第七章	肾内科疾病
第八章	内分泌疾病
第九章	糖尿病及代谢紊乱疾病
第十章	风湿性疾病
第十一章	普通外科疾病
第十二章	胸外科疾病
第十三章	心血管外科疾病
第十四章	骨科疾病
第十五章	泌尿外科疾病
第十六章	整形外科疾病
第十七章	神经外科疾病
第十八章	烧伤外科疾病
第十九章	手外科疾病
第二十章	妇产科疾病
第二十一章	儿科疾病
第二十二章	传染病
第二十三章	肿瘤
第二十四章	口腔科疾病
第二十五章	耳鼻咽喉科疾病
第二十六章	眼科疾病
第二十七章	皮肤科疾病
第二十八章	精神科疾病
第二十九章	麻醉科诊疗指南
第三十章	放射科诊疗指南
第三十一章	介入放射学诊疗指南
第三十二章	检验医学诊疗指南

续表

第三十三章	病理学诊疗指南	
第三十四章	核医学诊疗指南	
第三十五章	常用物理治疗诊疗指南	
第三十六章	高压氧诊疗指南	
第三十七章	超声医学诊疗指南	
第三十八章	临床输血诊疗指南	

第3章 深圳医患纠纷仲裁机构设置和案件处理程序

3.1 仲裁机构设置

3.1.1 仲裁机构的内部设置

深圳医患纠纷仲裁院依托于深圳仲裁委员会成立[①]，原则上可以动用深圳仲裁委员会的所有内部资源。根据深圳市机构编制委员会《关于深圳仲裁委员会内设机构问题的批复》，深圳医患纠纷仲裁院为深圳仲裁委员会负责医患纠纷的内设机构，院长由委员会分管副主任兼任，增加1名副院长领导职数（行政管理岗位等级为职员五级），所需人员由编制委内部调剂。

秘书处是仲裁机构的办事机构，其主要职责是：①具体办理案件受理、仲裁文书送达、档案管理等程序性事务；②收取和管理仲裁费用，是案件当事人与仲裁员之间的纽带。由于仲裁员不得私自会见当事人，因此有关材料的交接、有关事项的交代都必须由办事机构负责，以免程序上的原因，导致裁决在执行过程中出现非常情况。因此，除仲裁员外，办案秘书对案件的处理质量也起着至关重要的作用。由于秘书处的性质和特殊工作要求，秘书处工作人员的思想品质、业务素质及行为规范均应达到一定的水准。

深圳仲裁委员会为医患纠纷仲裁院配备了专门的秘书2名，他们只负责

[①] 深圳仲裁委员会（简称深仲，英文简称SZAC）是依照《中华人民共和国仲裁法》规定组建的常设民商事仲裁机构，于1995年8月在深圳成立。其主要职能是以仲裁方式依法、独立、公正、高效地解决平等主体的自然人、法人和其他组织之间发生的合同纠纷和其他财产权益纠纷。

处理医患纠纷案件，这就保证了他们的时间和专业性。

3.1.2 仲裁员的选聘

仲裁界有一句俗语，"有好的仲裁员就有好的仲裁"，仲裁员是案件的裁决者，对于仲裁程序的展开、庭审的进度和内容以及案件结论拥有决定权，因此其公正性、专业性至关重要。目前在我国，仲裁员是仲裁机构按一定规则聘任，列入其仲裁员名册的人。仲裁员不是一种专门的职业，从事者可以是律师、教师、商人、会计、技术专家等。作为仲裁案件的主持人和裁决者，仲裁员对仲裁案件的进程和结果起着至关重要的作用。《仲裁法》对仲裁员的任职条件设定了最基本的要求，品德方面主要是办事公道、作风正派；专业方面包括从事仲裁工作满 8 年，或从事律师工作满 8 年，或曾任审判员满 8 年，或从事法律研究、教学工作并具有高级职称，或具有法律知识、从事经济贸易等专业工作并具有高级职称或具有同等专业水平等。可见，目前法律对于仲裁员专业的要求可能过于强调法律专业，对其他专业有所忽略。对于不同专业领域的纠纷，需要发挥法律以外专业领域技术人员的优势。

从我国目前关于仲裁员聘任与指定的规定来看，仲裁员都是兼职的，驻会仲裁员也是如此。被列入某一仲裁委员会的仲裁员名册，仅表明该仲裁机构确认了其满足法定的仲裁员资格条件；只有被指定为审理某个具体案件的仲裁员，才能真正地成为纠纷的公断者。

目前，深圳医患纠纷仲裁院通过与深圳各大医疗机构的交流和联络，在考虑医学专业界别的情况下，选聘了 70 名医学专家作为医患纠纷仲裁员，他们专门负责办理医患纠纷案件。具体名单如表 3 所示。

表 3　深圳医患纠纷仲裁院仲裁员名册

姓名	性别	专业
陈月	女	临床医学、检验
陈建鸿	男	中医骨科
陈庠仑	男	临床医学
程元庆	男	医疗
丁建军	男	神经外科

续表

姓名	性别	专业
范秀玲	女	临床医学
冯春颜	男	临床医学检验
冯永文	男	重症医学（急诊）
傅应云	女	呼吸内科
葛钧	女	眼科
何平	女	法学、临床医学
何光明	男	药物学
黄华	男	肝胆、普通外科
黄敬东	男	口腔内科
靳勇	男	中医骨科
康斌	男	骨科
李罡	男	整形外科
李苏伊	男	小儿外科
李文广	男	心内科
李忠红	男	心血管
林峰	男	泌尿外科
刘铮	男	胃肠外科
刘琮	男	小儿内科
刘晓平	男	普通外科（肝胆外科）
卢永田	男	耳鼻喉科
麻晓鹏	男	小儿外科
马文建	男	外科
毛向明	男	临床医学、泌尿外科
毛立军	男	临床医学
孟新科	男	急诊、重症医学
倪勇	男	普通外科
潘凯	男	胃肠外科
彭安	男	肿瘤内科
孙鹏	男	临床医学
佟长辉	男	法医学
庹明生	男	临床医学
汪皓	男	小儿内科

续表

姓名	性别	专业
王正	男	胸外科
王合金	男	临床医学
王辉	女	皮肤性病
王成文	男	消化内镜
王成友	男	肝胆外科
王成毅	男	烧伤、整形外科
王利海	男	中医
温涌溪	男	医疗
文飞球	男	儿科
吴淳	男	心血管内科
吴军	男	神经内科
吴瑞芳	女	妇产科
吴宗海	男	医学法律
徐宏里	男	妇产科
徐万华	男	小儿外科
闫记全	男	法医
颜春荣	女	妇产科
杨安群	男	外科
尹卫	男	神经外科
余志英	女	妇产科
曾晖	男	骨科
曾辉	男	心、神经、呼吸、消化
曾月娥	女	妇产科
翟明玉	男	骨外科（脊柱）
张敏	男	呼吸内科
张卫星	男	ICU（心内科专业）
赵卫华	男	妇产科
赵永胜	男	临床医学
赵中江	男	急诊科
镇万新	男	脊柱外科
郑苍尚	男	口腔科
郑跃杰	男	小儿内科
朱辉	男	整形美容

从仲裁员名册来看，其成员专业涵盖了医学专业的主要门类，在专业上保证了对医患纠纷中各类医学专业问题判断的准确性。需要特别强调的是，这些仲裁员中有不少同时具有医师资格和法律职业资格，都是在从医后因为工作原因对法律专业产生需求或兴趣，通过自身的努力通过国家司法考试，取得了国家法律职业资格证书。目前，他们中有的人在医院医政部门工作，专门处理医方和患方的纠纷，而有的人则是执业律师。他们的医学知识、法律知识和多年工作经验对于其作为仲裁员处理医患纠纷仲裁案件都大有裨益。

此外，在深圳仲裁委员会仲裁员名册中的民商事仲裁员也可以参与医患纠纷仲裁案件的处理，由于医学专家对仲裁程序与庭审规则的掌握和驾驭能力有限，因此大多数仲裁庭中的首席仲裁员均由民商事仲裁员担任，此举能够保障仲裁庭严格按照仲裁程序对案件进行审理，保证仲裁裁决在程序上符合法律规定。

3.2 仲裁协议和仲裁程序

仲裁协议是仲裁开展的前提，仲裁程序是仲裁开展的路径，二者受到《仲裁法》和"仲裁规则"的约束。仲裁规则是指规范仲裁进行的具体程序及此程序中相应的仲裁法律关系的规则。[①] 一般来说，仲裁规则的主要内容包括仲裁管辖，仲裁申请、答辩和反请求，仲裁员选定和仲裁庭组成，仲裁程序的进行，保全措施，裁决，以及在相应程序中仲裁委员会、仲裁员和纠纷当事人的权利义务等。仲裁规则的主要作用是为当事人提供一套科学、系统而又方便的争议解决程序，指引仲裁庭和当事人进行仲裁活动，同时也是法院对仲裁进行支持和监督的依据。

3.2.1 仲裁协议的达成

仲裁协议是当事人自愿把他们之间已经发生或将来可能发生的特定争议交付仲裁解决的共同意思表示。仲裁协议是民商事仲裁的基石，既是争

---

① 黄进：《仲裁法学》，中国政法大学出版社，2008，第39页。

议任何一方当事人将争议提交仲裁的依据,也是仲裁机构或仲裁员对某一特定案件取得管辖权的前提。《仲裁法》第十六条规定,仲裁协议应当具有以下内容:一是请求仲裁的意思表示;二是仲裁事项;三是选定的仲裁委员会。

与普通的民商事仲裁案件不同,医患纠纷中的当事人很少会在治疗初期就达成仲裁协议,除非是特殊治疗,如美容、整形等。因此如果要使当事人将纠纷提交仲裁解决,接受仲裁委员会的裁决,往往需要相关部门对其进行建议和说服,在纠纷发生后达成仲裁协议。不过按照一般的理解,医患纠纷发生后,医患双方矛盾较大,很难达成仲裁协议,特别是患者作为相对的弱势群体,总会认为医方的建议会对医方有利,因此,对医患纠纷仲裁的宣传就显得至关重要。当然,在患者入院时或手术前达成协议也不是不可能的。

还需要说明的是,仲裁协议具有严格的相对性,通常难以追加被申请人。在一些案件中,患者存在先后在不同的医疗机构治疗的情形[①],但往往只能与其中一家医疗机构达成仲裁协议,这样虽然不利于查明整个医疗情况,但是仲裁庭必须严格遵守仲裁协议的相对性原则。不过实践中也有患方与多个医疗机构共同达成仲裁协议的情形。

从深圳的实践来看,在医患纠纷发生后,在双方无法通过协商自行达成协议的情况下,通常由医方或者患方建议签订仲裁协议,从而通过仲裁的方式终局解决纠纷。也有人民调解或行政部门在接访过程中引导双方达成仲裁协议的情况。仲裁协议一般做如下表述。

仲裁协议

患方×××与医方××医院之间因××××发生纠纷,双方一致同意将该医患纠纷提交深圳医患纠纷仲裁院进行仲裁,双方认可深圳仲裁委员会现行的《仲裁规则》。仲裁裁决是终局的,对双方均有约

---

① 如在"Y4某诉S医院案"中,患方先在某药店接受了治疗,再转至被申请人处治疗,从查明医疗过错程度及其责任分担的角度,某药店作为当事人参加案件审理是合适的,但由于申请人未能与其达成仲裁协议,因此其无法作为第三人参加仲裁审理。

束力。

患方签名：
院方签名盖章：

×××× 年 ×× 月 ×× 日

由于医患双方通常是在医患纠纷发生后达成仲裁协议，因此不会出现因为仲裁机构、仲裁事项约定不明而导致仲裁协议无效的情形。对于纠纷事项，由于医患双方通常无法对患方的损害原因达成一致，因此也不便写明具体的纠纷事由，大多数情况下当事人只写明"因就诊医疗行为发生纠纷"，具体的审理范围由当事人通过仲裁申请和提交的证据材料进行明确。也有的仲裁协议中会大致写明争议背景。如在一起案件中，双方写明"×××× 年 ×× 月 ×× 日，乙方因鼻窦炎在甲方处治疗，手术后发生并发症，导致乙方右眼眼球移动障碍。事后，甲乙双方委托广东 ×× 司法鉴定所进行了相关鉴定，鉴定甲方对乙方损害负次要责任，患方损害后果经鉴定为十级伤残。鉴定结论做出后，双方多次协商赔偿事宜，但因差距太大双方未达成一致意见，为了依法快速处理本次医疗事宜，双方同意签署如下仲裁协议"。

3.2.2 仲裁申请的提出和费用的缴纳

仲裁协议达成后，医方和患方当事人都有权依据仲裁协议提起仲裁，通常情况下由患方提起仲裁向医方索赔，即患方为申请人，医方为被申请人。申请人提起仲裁时需要提交以下材料。

（1）当事人（申请人和被申请人）身份材料证明；

（2）仲裁申请书，说明仲裁请求以及请求的理由和依据；

（3）支持本人仲裁申请的证据。

仲裁委员会在收到仲裁申请后会对材料进行审核，对于符合立案条件的发出受案通知，同时向申请人发出缴费通知。为了维持机构管理或服务工作的正常运行,同时避免当事人滥用仲裁权,当事人应当按照规定缴纳仲裁费。仲裁费用由仲裁案件受理费和处理费两部分构成。受理费是指由仲裁委员会在受理当事人的仲裁申请时,按照规定向当事人收取的费用,它是用于支付仲裁员报酬、维持仲裁委员会正常运转的必要开支。处理费是指仲裁委员会在审理仲裁案件中实际支出的、按规定应由当事人负担的各种费用,具体包括:①仲裁员因办案出差、开庭而支出的食宿费、交通费及其他合理费用;②证人、鉴定人、翻译人员等因出庭而支出的食宿费、交通费、误工补贴;③咨询、鉴定、翻译等费用;④复制、送达案件材料、文书的费用;⑤当事人应承担的其他合理费用。关于仲裁受理费的标准,应由仲裁委员会在国务院法制办规定的幅度内确定,并报仲裁委员会所在地的省、自治区、直辖市人民政府物价管理部门核准。

目前深圳仲裁委员会的仲裁费用收取标准如表4~表5所示。

表4 深圳仲裁委员会案件受理费

争议金额	计算公式
1000元以下	100元
0.1万~5万元	100元+争议金额超过1000元部分的5%
5万~10万元	2550元+争议金额超过5万元部分的4%
10万~20万元	4550元+争议金额超过10万元部分的3%
20万~50万元	7550元+争议金额超过20万元部分的2%
50万~100万元	13550元+争议金额超过50万元部分的1%
100万元以上	18550元+争议金额超过100万元部分的0.5%

表5 深圳仲裁委员会案件处理费

争议金额	计算公式
40万元以下	5000元
40万~100万元	5000元+争议金额超过40万元部分的0.8%
100万~300万元	9800元+争议金额超过100万元部分的0.5%
300万~500万元	19800元+争议金额超过300万元部分的0.4%
500万~1000万元	27800元+争议金额超过500万元部分的0.3%
1000万~3000万元	42800元+争议金额超过1000万元部分的0.2%

续表

争议金额	计算公式
3000 万~5000 万元	82800 元+争议金额超过 3000 万元部分的 0.15%
5000 万元以上	112800 元+争议金额超过 5000 万元部分的 0.1%

对于医患纠纷来说，仲裁机构收取仲裁费用是一个难题。作为一项社会服务，仲裁解决医患纠纷是需要收取一定费用的，但是对处于弱势的患方来说，较高的医疗服务价格，加之医疗保险报销幅度也有限，因此在医疗机构提供诊疗服务时已收取费用的前提下，再投入钱财进行仲裁并不实际。[①] 如果仲裁机构按照上述标准收取仲裁费用，恐怕多数当事人都难以接受，也会成为其申请仲裁的主要障碍。

对此，深圳仲裁委员会经过研究认为，仲裁是一种社会公益事业，不以营利为目的，因此考虑到患者对仲裁费用的顾虑，可以出台特殊政策，让患者用得起仲裁。[②] 目前，深圳医患纠纷仲裁院受理案件一律只收取 100元，将医患纠纷仲裁当作一项公益事业进行，这样案件开展的各种费用就由政府财政负担。

3.2.3 仲裁庭的组成

《深圳仲裁委员会仲裁规则》（以下简称《仲裁规则》）第十一章"医患纠纷仲裁程序"第九十二条规定："仲裁庭由三名仲裁员组成。当事人约定由一名仲裁员成立仲裁庭的，从其约定。首席仲裁员和独任仲裁员的产生，不适用本规则第二十八条第二款的规定。当事人应当在收到仲裁通知书之日起五日内约定仲裁庭组成方式并选定仲裁员。当事人未能在上述期限内约定仲裁庭组成方式并选定仲裁员的，由仲裁委员会主任决定仲裁庭组成方式、指定仲裁员。"而《仲裁规则》第二十七条规定："仲裁员应当从仲裁委员会提供的仲裁员名册中产生。当事人约定由三名仲

---

① 李菲：《医患纠纷人民调解制度发展趋势之实证研究》，硕士学位论文，华东政法大学，2013，第 9 页。
② 柯阳友、吴英旗：《我国医疗纠纷解决机制之重构》，《甘肃政法学院学报》2006 年第 6 期，第 28~31 页。

员组成仲裁庭的,应当在收到仲裁通知书之日起十五日内各自选定或委托仲裁委员会主任指定一名仲裁员。当事人约定由一名仲裁员成立仲裁庭的,应当在前款规定的期限内共同选定或者委托仲裁委员会主任指定仲裁员。当事人一方为二人以上的,应当共同选定或共同委托仲裁委员会主任指定一名仲裁员。当事人未能依照上述规定选定或委托仲裁委员会主任指定仲裁员的,由仲裁委员会主任指定。"《仲裁规则》第二十八条第一款规定:"首席仲裁员由双方当事人在被申请人收到仲裁通知书之日起十五日内共同选定或者共同委托仲裁委员会主任指定。"《仲裁规则》第二十八条第三款规定:"双方当事人未能选定,又未委托仲裁委员会主任指定首席仲裁员的,由仲裁委员会主任指定。独任仲裁员的产生适用本规则首席仲裁员产生方式。"

由以上可见,在医患纠纷仲裁中,双方当事人首先有权选择三人仲裁庭或独任仲裁庭。如果选择三人仲裁庭,则双方有权根据《仲裁规则》第二十七条各自选定或委托仲裁委员会主任指定一名仲裁员。首席仲裁员只能由双方共同选定或共同委托仲裁委员会主任指定,独任仲裁员同理。可见,虽然《仲裁规则》第二十七条第二款规定在选定首席仲裁员时,"双方当事人可以分别从仲裁员名册中推荐一至七名候选首席仲裁员;仲裁委员会主任亦可根据案件情况,从仲裁员名册中选择部分仲裁员,供双方当事人推荐候选首席仲裁员。首席仲裁员依下列不同情形确定:(一)双方当事人共同推荐一名仲裁员的,该名仲裁员为首席仲裁员;(二)双方当事人共同推荐二名以上(含二名)仲裁员的,由仲裁委员会主任指定其中一名为首席仲裁员;(三)双方当事人未能共同推荐仲裁员的,由仲裁委员会主任在当事人推荐的候选名单之外指定首席仲裁员"。但由于医患纠纷案件专业性强、审理难度大,如果当事人对部分仲裁员的业务范围了解不够,受一方当事人或其他因素的干扰盲目选定首席仲裁员,会出现案件失控的可能,不利于案件的审理,首席仲裁员的人选还是由仲裁委员会主任指定较为稳妥,因此,仲裁委员会在制定仲裁规则时排除了该款规定对医患仲裁的适用。

由于首席仲裁员在仲裁中起着主持、促进、协调以及特殊情况下作出决断的作用,而独任仲裁员要独立进行仲裁程序,所以仲裁委员会主任在指定首席仲裁员或独任仲裁员时,应对其业务水平、能力和经验加以特别考虑。①

从目前深圳医患纠纷仲裁院的实践来看,仲裁庭通常由两名医学专家和一名法学专家组成,或者由三名医学专家组成,但其中一名医学专家必须同时具有较高的法律水平。如此,既可以保证仲裁庭能够把握好仲裁程序和法律问题,也可以保证其对医学问题,包括鉴定意见等证据能够有较为准确的判断,从而找准审理方向,提高庭审效率。当然,不同专业和工作背景的仲裁员在处理案件时会有不同的角度和风格,需要不断地磨合和培训,这一点在第 5 章中再做论述。

3.2.4 审理和作出裁决

医患纠纷审理与其他案件审理在程序上并无区别,仲裁庭首先查明当事人和其他仲裁参加人是否已到庭,询问双方当事人是否对对方出庭当事人有异议,再介绍仲裁庭组成人员,询问双方当事人是否申请回避。然后由申请人陈述仲裁申请和理由,被申请人答辩,双方举证、质证。仲裁庭归纳争议焦点,进行调查,双方进行辩论,仲裁庭主持当事人进行调解,当事人最后陈述,仲裁庭就后续程序开展、证据提交和意见提交进行布置。

庭审结束后,仲裁庭进行合议。由三名仲裁员组成仲裁庭的,裁决应当依多数仲裁员的意见作出。少数仲裁员的不同意见应当记入笔录。不能形成多数意见的,依首席仲裁员的意见作出裁决。根据《仲裁规则》,医患纠纷仲裁案件的审结期限为 3 个月,而目前深圳医患纠纷仲裁院的平均结案时间为 23 天,最快的能够当日结案。

医患纠纷通常会涉及医学专业问题,因此也往往会涉及对鉴定结论的审理和采纳,这一点将在后文中进行详细的介绍。

3.3 仲裁裁决执行

3.3.1 法院对仲裁裁决的司法监督

仲裁机构对民商事的管辖权和裁决权来自于当事人的授权和法律的规

---

① 黄进:《仲裁法学》,中国政法大学出版社,2008,第 55 页。

定,但是其不属于司法机构,因此没有强制执行权。仲裁裁决的执行依赖于当事人的自觉履行,在当事人不履行的情况下,胜诉方只能向人民法院申请强制执行。从商事仲裁在全球发展的趋势来看,司法机构对仲裁机构的态度从敌视转向认同,各国也通过立法赋予民间性质的仲裁裁决与司法判决相同的效力。如果仲裁裁决要得到司法机构的承认和执行,那么其也必须接受司法机构的监督和审查,《承认及执行外国仲裁裁决公约》缔结后,各国司法机构对仲裁裁决的承认和执行条件已经趋于统一和宽松。

法院对仲裁裁决的司法监督方式包括撤销仲裁裁决和不予执行仲裁裁决两种。其中撤销仲裁裁决是指对于符合法律规定情形的仲裁裁决,经当事人提出申请,管辖法院在审查核实后裁定撤销仲裁裁决的行为。而仲裁裁决的执行,即仲裁裁决的强制执行,是指法院经当事人申请,将裁决书的内容付诸实现的强制行为。

根据《仲裁法》和《民事诉讼法》的规定,撤销仲裁裁决的情况大致如下:一、没有仲裁协议的;二、裁决的事项不属于仲裁协议的范围或者仲裁委员会无权仲裁的;三、仲裁庭的组成或者仲裁的程序违反法定程序的;四、裁决所根据的证据是伪造的;五、对方当事人隐瞒了足以影响公正裁决的证据的;六、仲裁员在仲裁该案时有索贿受贿,徇私舞弊,枉法裁决行为的。不予执行仲裁的情况大致如下:一、没有仲裁协议的;二、裁决的事项不属于仲裁协议的范围或者仲裁委员会无权仲裁的;三、仲裁庭的组成或者仲裁的程序违反法定程序的;四、裁决所根据的证据是伪造的;五、对方当事人隐瞒了足以影响公正裁决的证据的;六、仲裁员在仲裁该案时有索贿受贿,徇私舞弊,枉法裁决行为的;七、执行裁决违反社会公共利益的。

整体而言,法院只在特定情况下撤销仲裁裁决或不予执行仲裁裁决,只要仲裁庭严格按照仲裁程序审理案件、依法作出仲裁裁决,仲裁委员会做好把关工作,避免出现以上法定情形,仲裁裁决就不会被撤销或不予执行。

3.3.2 深圳医患纠纷仲裁院仲裁裁决的执行情况

深圳医患仲裁的特点在于医患双方是在纠纷发生后达成仲裁协议,将纠纷提交仲裁解决，因此双方当事人对仲裁裁决的主动履行情况较好，较少出现当事人申请撤销仲裁裁决的情况。据统计，2011~2015年深圳被申请人（医方）向法院申请撤销的共7件（2011年2件，2012年1件，2014年1件，2015年3件），被申请人（医方）向法院申请不予执行的共4件（2011年2件，2012年1件，2015年1件），申请人（患方）向法院申请强制执行的共15件（2011年2件，2012年1件，2013年1件，2014年6件，2015年5件），相对于278件结案案件，主动履行率达到90.6%（如图18所示）。

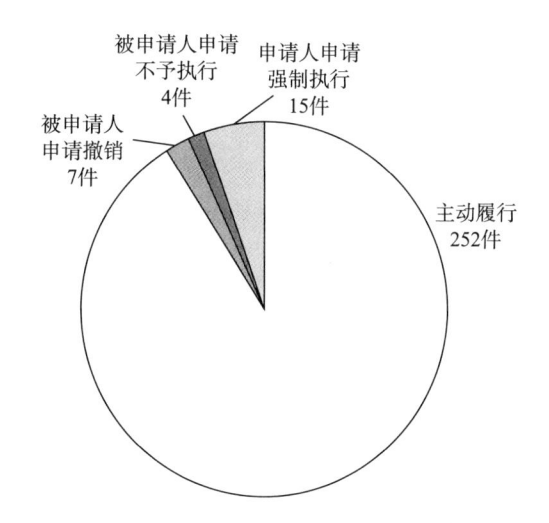

图18 深圳医患纠纷仲裁案件执行情况

第4章 深圳医患纠纷仲裁具体案件审理

如前文所述，医患纠纷仲裁案件可以根据申请理由分为医患合同的违约纠纷和医患间的侵权纠纷，而医患间的侵权又可分为因医疗行为引起的侵权和因非医疗行为引起的侵权。从深圳医患纠纷仲裁院成立以来的实践看，其受理的主要是患方以侵权损害赔偿为由提起的仲裁案件。本章我们将结合具体案例，分析仲裁庭处理医患纠纷案件的思路和具体方法。

4.1 当事人法律关系的确定

《合同法》第一百二十二条规定："因当事人一方的违约行为，侵害对方人身、财产权益的，受损害方有权选择依照本法要求其承担违约责任或者依照其他法律要求其承担侵权责任。"这就发生了违约责任和侵权责任的竞合，当事人可以选择其中一项进行诉讼或仲裁。实践中，仲裁庭将医疗纠纷案件作为侵权案件处理更有利于保护患者的权利，可以避免产生因患方不懂医患关系的合同性质而不敢索赔的后果，同时也可以使医方不能借口合同有约定而拒绝对医疗事故的受害人进行赔偿。① 实际上，就处理侵权案件而言，仲裁庭须对侵权行为过错、损害后果、因果关系进行判断。如果申请人提起违约之诉，则构成要件应包括医方违约行为、患方损害事实以及违约行为和损害事实之间的因果关系。由于实践中医患双方较少达成详细的医疗合同，因此仲裁庭在对上述三个要件进行判断时还应采取客观标准，如违约行为主要看医方是否违反了高度注意义务，损害事实需要患

---

① 杨立新：《类型侵权行为法研究》，人民法院出版社，2006，第889页。

方举证或者由仲裁庭委托鉴定等。① 因此违约之诉与侵权之诉在审理工作的关键问题判断上并无大的区别。此外，由于违约之诉没有精神损害赔偿，加之医疗合同的违约责任模式尚缺乏立法依据，因此患者倾向于选择侵权之诉。②

在深圳医患纠纷仲裁实践中，仲裁庭通常会认为患方到医方处就诊，医方为其提供了医疗服务，因此双方建立了医疗服务合同关系，医方负有按照诊疗规范和常规实施诊疗救治之义务。此后仲裁庭会对医方医疗过错、医方过错参与度等重点问题进行判断。当然，面对可能存在的合同之诉和侵权之诉竞合，仲裁庭也必须尊重当事人的权利，由其自己决定以何种理由提起仲裁。从实践来看，绝大多数仲裁申请人都是提起仲裁，即便有的当事人在仲裁申请书中没有明确，经仲裁庭当庭释明后也会进行确认。因此，深圳医患纠纷仲裁院受理的大多数案件均可以归入侵权责任案件中，本书也按照侵权案件的处理思路继续进行分析。

4.2　当事人侵权关系的认定

4.2.1　医疗侵权责任概述

医疗侵权责任是指医疗机构及医务人员在医疗过程中因过失或者在法律规定的情况下无论有无过失，造成患者人身损害或者其他损害，应当承担的以赔偿损害为主的侵权责任。③《侵权责任法》是目前法院审判医疗损害唯一的依据。④《侵权责任法》主要解决两个问题，一是侵权是否构成，二是责任如何承担。侵权是否构成主要由归责原则解决，责任如何承担主要由责任方式解决。⑤ 本小节我们重点讨论医疗侵权责任案件的归责原则及由此产生的免责事由和举证责任分配问题。

---

① 韩玉胜：《医患纠纷法律解读》，法律出版社，2015，第122页。
② 韩玉胜：《医患纠纷法律解读》，法律出版社，2015，第140~142页。
③ 杨立新：《医疗损害责任研究》，法律出版社，2009，第42页。
④ 宋儒亮：《医事法学在广东》，法律出版社，2013，第243页。
⑤ 王胜明：《中华人民共和国侵权责任法释义》，法律出版社，2010，第3页。

4.2.1.1 医疗侵权责任的归责原则

2002年《最高人民法院关于民事诉讼证据的若干规定》实施前,司法机关一直根据《民法通则》,以"谁主张,谁举证"的原则来处理医疗纠纷,而《最高人民法院关于民事诉讼证据的若干规定》出台后,司法机关转而采取举证责任倒置的原则来处理医疗纠纷。①《侵权责任法》在总结既往经验教训的基础上,重新定位了医疗纠纷举证责任的分配和负担。将医疗纠纷分为医疗技术损害侵权纠纷、医疗伦理损害侵权纠纷和医疗产品侵权纠纷三类,分别适用不同的归责原则,具体情况如下。

首先,对于最常见的"医疗技术损害责任",即"医疗机构及医务人员从事病情检验、诊断、治疗方法的选择,治疗措施的执行,病情发展过程的追踪,以及术后照护等医疗行为,不符合当时既存的医疗专业知识或技术水准的过失行为,医疗机构应当承担的侵权赔偿责任",适用过错责任原则②,举证责任由受害人承担。过错责任原则是《侵权责任法》的基本归责原则。行为人承担侵权责任的要件为:①行为人实施了某一行为,行为包括作为和不作为;②行为人行为时有过错。过错是行为人行为时的一种应受谴责的心理状态,正是由于这种应受谴责的心理状态,法律要对行为人所实施的行为做否定性评价,让其承担侵权责任。过错分为故意和过失,故意是指行为人预见到自己的行为会导致某一损害后果而希望或者放任该后果发生的一种主观心理状态。过失是指行为人因疏忽或者轻信而使自己未履行应有注意义务的一种心理状态。一般情况下,医方多因违反医疗卫生管理法律、行政法规、部门规章和诊疗护理规范、常规而未能尽到必要

---

① 举证责任倒置虽然有利于维护相对处于弱势的患者,但也带来了医院为规避医疗纠纷风险不作为或过度检查、不法分子利用该规则滥告医院获取利益等负面问题,参见陈玮《〈侵权责任法〉背景下的医患举证负担研究》,《南昌教育学院学报》2013年第10期,第193~194页;万鸿君《试论医疗侵权诉讼举证责任倒置对医患双方行为的负性影响》,《中国卫生事业管理》2009年第2期,第109~110页。2002年4月1日起正式实施的《最高人民法院关于民事诉讼证据的若干规定》中规定:"因医疗行为引起的侵权诉讼,由医疗机构就医疗行为与损害结果之间不存在因果关系及不存在医疗过错承担举证责任。"这是我国第一次以司法解释的形式规定在医疗侵权民事案件中适用"部分举证责任倒置"。

② 对应法条为《中华人民共和国侵权责任法》第五十四条:"患者在诊疗活动中受到损害,医疗机构及其医务人员有过错的,由医疗机构承担赔偿责任。"

的注意义务，主观上存在过失而造成患方的人身损害。如果医方因主观故意而导致患方的人身损害，应属于刑法调整的范畴。①

其次，对于"医疗伦理损害责任"，即"医疗机构及医务人员从事各种医疗行为时，未对病患充分告知或者说明其病情，未对病患提供及时有用的医疗建议，未保守与病情有关的各种秘密，或未取得病患同意即采取某种医疗措施或停止继续治疗等，而违反医疗职业良知或职业伦理上应遵守的规则的过失行为，医疗机构所应当承担的侵权赔偿责任"，适用推定过错责任原则②，不应将医疗过失的举证责任归于医方，其他侵权责任构成要件的举证责任仍应由受害患者一方承担。受害患方能够证明侵权责任的其他构成要件，而医疗机构不能证明自己没有过失的，就构成侵权责任。

最后，对于"医疗产品损害责任"，即"医疗机构在医疗过程中使用有缺陷的药品、消毒药剂、医疗器械以及血液及血液制品等医疗产品，因此造成患者人身损害的，医疗机构或者医疗产品的生产者、销售者所应当承担的侵权赔偿责任"，适用产品责任的一般原则，即无过错责任原则。③ 这里的缺陷不是指一般的医疗产品瑕疵，而是指产品质量差到危害人身安全的程度。

从深圳医患纠纷仲裁院受理的案件来看，大部分是因为医疗技术侵权引起的纠纷，其中也存在部分医疗伦理侵权纠纷，主要涉及医方告知义务和病历保存义务，同时也存在因医疗产品缺陷产生的患者人身损害案件。

---

① 邱爱民、郭兆明：《医疗纠纷立法与处理专题整理》，中国人民公安大学出版社，2012，第110页。

② 对应法条为《侵权责任法》第五十五条："医务人员在诊疗活动中应当向患者说明病情和医疗措施，需要实施手术、特殊检查、特殊治疗的，医务人员应当及时向患者说明医疗风险、替代医疗方案等情况，并取得其书面同意；不宜向患者说明的，应当向患者的近亲属说明，并取得其书面同意。医务人员未尽到前款义务，造成患者损害的，医疗机构应当承担赔偿责任。"第五十八条规定："患者有损害，因下列情形之一的，推定医疗机构有过错：（一）违反法律、行政法规、规章以及其他有关诊疗规范的规定；（二）隐匿或者拒绝提供与纠纷有关的病例资料；（三）伪造、篡改或者销毁病历资料。"

③ 对应法条为《侵权责任法》第五十九条。设立无过错责任原则政策的主要目的不是要使"没有过错"的人承担侵权责任，而是为了免除受害人证明行为人过错的举证责任，使受害人易于获得损害赔偿，使行为人不能逃脱侵权责任。

4.2.1.2 医疗侵权责任的免责事由

首先,《侵权责任法》第三章规定的"不承担责任和减轻责任的情形"适用于包括医疗侵权责任在内的各种侵权责任,这些情形包括患者对损害发生也有过错、患者故意造成损害、损害因第三人造成、不可抗力和紧急避险等。

其次,鉴于医疗侵权责任的特殊性,《侵权责任法》对于其他情形也做出了规定,对于医疗技术侵权责任,其免责事由主要有第六十条规定的"(1)患者或者其近亲属不配合医疗机构进行符合诊疗规范的诊疗;(2)医务人员在抢救危急患者等紧急情况下已经尽到合理注意义务;(3)限于当时的医疗水平难以诊疗"。以上几种情况,对于医疗伦理侵权责任,涉及的主要是告知义务,其免责事由主要是第五十六条规定的"因抢救生命垂危的患者等紧急情况,不能取得患者或者其他近亲属意见的,经医疗机构负责人或者授权的负责人批准,可以立即实施相应的医疗措施"。

对于《侵权责任法》第六十条第一项,具体而言,实践中患者一方不配合诊疗的行为可以分为两类。第一类比较常见,是患者由于其医疗知识水平的局限而对医疗机构采取的诊疗措施难以建立正确的理解,从而产生其不遵医嘱、错误用药等不配合诊疗措施的现象。医务人员是否尽到了说明告知义务,是否使患者一方对于医疗机构采取的诊疗措施及其风险和后果具有合理的认识,是判断患者一方客观上不配合诊疗的行为是否具有主观过错的关键。关于说明告知义务,《侵权责任法》第五十五条已经做了规定。在判断医方是否履行了说明告知义务,以及该义务的履行是否合理适当时,还要考虑医疗行业的特殊性,结合个案进行分析。第二类是患者一方主观上具有过错,该过错又分为故意和过失。故意的情形一般比较少见。如果医务人员已经尽到说明告知义务,且采取的诊疗措施并无不当,那么患者的行为即属于本条第一项规定的"不配合医疗机构进行符合诊疗规范的诊疗",对此,医疗机构不承担赔偿责任。

《侵权责任法》第六十条第二项规定了两个要件,在两要件均符合的情况下,对于患者的损害,医疗机构不承担赔偿责任。第一个要件是抢救生命垂危的患者等紧急情况。关于这一点,一方面要考虑时间的紧急性,医师在诊疗时间非常短的情况下，在技术上不可能做出十分全面的考虑及安排；另一方面要考虑事项上的紧急性，采取何种治疗措施直接关系到患者的生死存亡，需要医师做出紧急性的决断。判断是否构成紧急情况，除了依据法律、法规和规章的规定外，还需要考虑以下两个方面：一是患者的生命健康受到伤病急剧恶化的威胁，这种威胁应当限定为对患者生命的威胁，而不能是对患者一般健康状况的威胁；二是患者生命受到的威胁是正在发生和实际存在的，患者伤病的急剧恶化对其生命安全的威胁不能是假想的，而应该是正在发生和实际存在的，不立即采取紧急救治措施必然导致患者死亡的后果。如果医师主观想象或虚幻地认为存在需要对患者采取紧急救治措施的危险，因认识错误采取的救治措施导致了不必要的损害后果，医疗机构应当承担责任。仅仅满足"抢救生命垂危的患者等紧急情况"这一要件还不足以使医疗机构完全免除责任。在紧急情况下，由于时间和治疗措施的紧迫性，取得患者或其近亲属的同意往往又不现实，如患者重度昏迷而其近亲属又不在现场，但救治急危患者又是医疗机构及其医务人员的职责之一，无正当理由拖延救治时间导致不良后果的，还必须承担相应的法律责任。为此，《侵权责任法》第五十六条规定，"因抢救危急患者等紧急情况，不能取得患者或者其近亲属意见的，经医疗机构负责人或者授权的负责人批准，可以立即实施相应的医疗措施"。但是，该条只是回答了紧急情况下难以取得患者一方意见时，医疗机构是否可以治疗的问题。如果在治疗的过程中产生损害，医疗机构是否承担赔偿责任，这就涉及第二个关键的要件，即医务人员在紧急情况下是否尽到了合理的诊疗义务。

根据《侵权责任法》第六十条第三项，因为医疗行为具有高技术性、高风险性、复杂性以及不可控因素，还有很多未知领域需要探索，因此医疗结果有时具有不确定性和不可预见性。现代医学技术的发展具有局限性，目前还不能达到百分之百的治愈率。法律对医务人员采取的诊疗行为是否存在过错的判断，只能基于当时的医学科学本身的发展水平，即是否尽到与当时的医疗水平相应的诊疗义务，尽到该项义务的，就视为医疗机构及其医务人员没有过错，对于患者的损害不承担赔偿责任。需要指出的是，医疗机构及其医务人员对患者进行诊疗，并不负有保证治愈的义务，如果法律规定得过于严格，可能会导致医务人员在诊疗活动中大量采取保守性甚至防御性治疗措施，对于存在风险的治疗方案畏首畏尾，最终损害的还是广大患者的利益。

4.2.1.3 医疗侵权举证责任分配

举证责任分配是指按照一定的标准，将不同法律要件事实的举证责任，在双方当事人之间预先进行分配，使原告对其中的一部分事实负举证责任，被告对另一部分事实负举证责任。在侵权纠纷案件中，不同的归责原则产生不同的举证责任分配模式，根据医疗侵权责任的三类归责原则，举证责任分配模式分别如下。

在医疗技术侵权责任案件中，受害患方承担以下举证责任。第一，患方要能够证明医疗机构存在医疗过失。这种证明的最好方法通常是受害患者申请医疗过失责任鉴定，确认医疗过失的存在；第二，受害患者的证明符合表见证据规则。表见证据规则是指依据经验法则，有特定事实即发生特定的结果，则于出现该特定结果时，法官或仲裁员在不排除其他可能性的情形下，得推论有该特定事实的存在。[①] 患方承担举证责任达到表见证据规则要求的，法官即可推定医疗机构的医疗过失，施行举证责任缓和，将举证责任转换由医疗机构承担。具体情况见表6。

表6 医疗技术侵权责任案件举证责任分配

争议问题	举证责任分配	适应原则
当事人身份	各自自行举证	谁主张，谁举证
存在医疗行为	原告	谁主张，谁举证
不存在医疗行为	被告	谁主张，谁举证
损害结果存在	原告	谁主张，谁举证
损害结果不存在	被告	谁主张，谁举证
医疗行为与损害结果因果关系	原告	谁主张，谁举证
医疗行为与损害结果程度	原告	谁主张，谁举证
医疗行为无过错	被告	谁主张，谁举证
患者存在过错	被告	谁主张，谁举证

---

① 詹森林：《德国医疗过失举证责任之研究》，载朱柏松等《医疗过失举证责任之比较》，台湾元照出版公司，2008，第56页。

不过从实践来看，由于医疗损害纠纷案件大多数需要依靠鉴定得出过错和因果关系的结论，因此很多时候原告要承担举证不能的责任，如在"李某某与深圳市第六人民医院医疗损害责任纠纷上诉案"中①，法院认为认定医方是否应当对死者的死亡承担医疗损害赔偿责任需要以鉴定机构做出的医疗事故鉴定结论为依据。该案一审阶段已经委托多家鉴定机构进行鉴定，但均因死者未进行尸检，而无法对医方的医疗过错、因果关系及参与度进行鉴定。对此，患方应当承担举证不能的法律后果。

在医疗伦理侵权责任案件中，受害者如果能够证明医方存在《侵权责任法》第五十八条规定的情形，即可推定医疗机构存在过错，且这种过错推定原则上不得举证证明推翻。医方的证明应当是推翻医疗过失的有条件推定，能够证明自己没有过失的，可以免于承担责任。②《侵权责任法》第五十八条规定的三类推定过错情形，第一项规定的是医方违反法律、行政法规、规章以及其他有关诊疗规范的规定情形，是医疗机构存在过错的表面证据，并且是一种很强的表面证据，因此，本条规定在这种情形下推定医疗机构存在过错，但医务人员有过错与违反法律、行政法规、规章以及其他有关诊疗规范的规定毕竟不是等同的概念；本条第二项和第三项规定的两种情形，一方面反映了医疗机构的恶意，另一方面使患者难于取得与医疗纠纷有关的证据资料，这时再让患者举证已不合理，因此推定医疗机构有过错。③ 具体情况见表7。

表7 医疗伦理侵权责任案件举证责任分配

争议问题	举证责任分配	适应原则
当事人身份	各自自行举证	谁主张，谁举证
损害结果存在	原告	谁主张，谁举证
医方存在下列行为：1. 违反法律、行政法规、规章以及其他有关诊疗规范的规定；2. 隐匿或者拒绝提供与纠纷有关的病例资料；3. 伪造、篡改或者销毁病历资料	原告	过错推定

---

① （2015）深中法民终字第1004号。
② 韩玉胜：《医患纠纷法律解读》，法律出版社，2015，第182~183页。
③ 王胜明：《中华人民共和国侵权责任法释义》，法律出版社，2010，第276页。

续表

争议问题	举证责任分配	适应原则
不存在上述行为	被告	谁主张，谁举证 举证责任倒置
虽存在上述行为，但与患方损害没有因果关系	被告	举证责任倒置
损害结果不存在	被告	谁主张，谁举证
医疗行为参与损害结果程度	原告	谁主张，谁举证
医疗行为无过错	被告	谁主张，谁举证
患者存在过错	被告	谁主张，谁举证

在医疗产品侵权责任案件中，受害者只需要举证损害结果存在，且该损害由医疗产品导致，医方和医疗产品生产者即要承担赔偿责任，除非生产者能够证明限于当时科学技术水平该缺陷是难以避免的（见表8）。

表8 医疗产品侵权责任案件举证责任分配

争议问题	举证责任分配	适应原则
当事人身份	各自自行举证	谁主张，谁举证
损害结果存在	原告	谁主张，谁举证
损害结果由医疗产品缺陷导致，医方负有赔偿责任	原告	谁主张，谁举证
医疗产品不存在缺陷或缺陷不可避免	被告	谁主张，谁举证 举证责任倒置
虽存在上述缺陷，但与患方损害没有因果关系	被告	举证责任倒置
损害结果不存在	被告	谁主张，谁举证
医疗行为参与损害结果程度	原告	谁主张，谁举证
患者存在过错	被告	谁主张，谁举证

需要说明的是，无论哪一类归责原则，都需要证明行为人的行为与受害人的损害之间有因果关系。因果关系是指行为人的行为作为原因，损害事实作为结果，在两者之间存在的前者导致后者发生的客观联系。考虑到现实生活中的因果关系的复杂性，法律赋予了裁判者根据具体情况判断因果关系的权力。

因果关系要件的证明应当采用举证的一般规则，即"谁主张，谁举证"原则，患方必须首先承担举证责任，证明因果关系的盖然性。原告证明因果关系盖然性的标准是，受害患者提供的证据，使法官能够形成医疗行为与患者人身损害事实之间具有因果关系的可能性的确信，其范围为相当程度的可能性而不是高度盖然性。法官在原告上述证明的基础上可以做出因果关系推定，在法官推定因果关系之后，医疗机构一方认为自己的医疗行为与损害后果之间没有因果关系的，则须自己举证证明，证明标准应当采用高度盖然性的标准，即极大可能性。[①] 这一点将在 4.2.3.3 小节中进行阐述。

4.2.1.4　医疗侵权责任的承担

根据《侵权责任法》的规定，医方承担侵权责任的方式有八种，从医疗侵权案件的实际来看，停止侵害、排除妨碍、消除危险、返还财产、恢复原状等方式的适用都不现实，而多适用赔偿损失、赔礼道歉和消除影响、恢复名誉这几种方式，尤以赔偿损失为主。赔偿损失是指行为人向受害人支付一定数额的金钱以弥补受害人损失的承担责任方式，在医疗侵权损害责任案件中主要包括人身损害赔偿和精神损害赔偿，具体的方式和计算，将在 4.3 节中进行介绍。

4.2.2　医疗损害司法鉴定意见证据及其运用

证据制度是诉讼和仲裁制度的重点内容，从申请仲裁到作出裁决，从作出裁决到其执行程序，通常情况下都是围绕着证据的提供、收集和审查判断展开的。仲裁中对证据的处理参考民事诉讼的一般做法，证据必须在仲裁审理中查证属实，才能作为认定案件事实的依据。

在医疗过程产生的纠纷中，医患双方往往对患者不良损害后果产生的原因各执一词，无论是行政机关，还是调解、仲裁机构，抑或司法机关，作为第三方都不能直观地判断医方是否存在过错行为，以及该行为与损害后果的因果关系程度。此时就需要进行医疗纠纷专业鉴定，从专业技术角度判断患者的不良后果与医方行为之间的关系。因此，医疗纠纷专业技术

---

① 杨立新：《侵权法论》（第 5 版），人民法院出版社，2013，第 599 页。

鉴定在医疗纠纷解决机制中占有重要地位，往往是彻底解决双方矛盾的关键。①

4.2.2.1 医疗损害司法鉴定概述

关于医疗的鉴定方式主要有两类，一类是各地医学会根据《医疗事故处理条例》开展的医疗事故技术鉴定活动②，启动方式有卫生行政部门委托和医患双方当事人共同委托两种。鉴定组专家必须是具有高级技术职称的医疗卫生专业技术人员和法医，由医患双方在医学会的主持下从专家库中随机抽取产生。医疗事故鉴定结论的等级性不符合司法鉴定效力独立性要件，因此不属于司法鉴定，本质上是行政处理的依据。③ 另一类则是各司法鉴定机构进行的医疗损害司法鉴定④，由法院或者仲裁机构按照《人民法院对外委托司法鉴定管理规定》进行，指人民法院在审理医疗损害赔偿民事诉讼案件中，依职权或应医患纠纷任何一方当事人的请求，委托具有专门知识的鉴定机构或者鉴定人对医方有无医疗过错以及患方所诉医疗损害结

---

① 邢学毅：《医疗纠纷处理现状分析报告》，中国人民公安大学出版社，2008，第39页。当然，司法鉴定机构也并非一定能够对纠纷作出鉴定，在"R某诉P医院案"中，南方医科大学司法鉴定中心于2014年2月17日以"本案被鉴定人整个诊疗过程过于简短，病历资料过于有限，本中心技术能力所限，难以对医疗行为及其与被鉴定人死亡的因果关系进行分析，无法对本案作出明确鉴定意见"为由未予受理。司法部司法鉴定科学技术研究所司法鉴定中心于2014年2月28日向深圳仲裁委员会出具《退卷说明》，载明"本案未提供相关毒药物检测资料，依据现有书证材料，本中心无法对贵院及申请人提出的委托要求进行鉴定，经研究决定不予受理该案，送检材料退回贵单位"。司法机关也不一定会采信鉴定意见，在"北京大学深圳医院、深圳市第三医院与余某等医疗损害责任纠纷上诉案"中，法院就未采信深圳市医学会与广东省医学会的鉴定意见。
② 具体指医学会组织的专家鉴定组依据医疗卫生管理法律、行政法规、部门规章和诊疗规范、常规，运用医学科学原理和专业知识，对医患双方争议的诊疗护理行为是否存在过错、是否造成对患者的侵害与不良后果、行为与后果之间的因果关系、是否构成医疗事故等专门性问题独立进行鉴别和判定，为处理医疗事故争议提供医学依据的专业性活动。医疗事故技术鉴定书应当包括下列主要内容：（一）双方当事人的基本情况及要求；（二）当事人提交的材料和负责组织医疗事故技术鉴定工作的医学会的调查材料；（三）对鉴定过程的说明；（四）医疗行为是否违反医疗卫生管理法律、行政法规、部门规章和诊疗护理规范、常规；（五）医疗过失行为与人身损害后果之间是否存在因果关系；（六）医疗过失行为在医疗事故损害后果中的责任程度；（七）医疗事故等级；（八）对医疗事故患者的医疗护理医学建议。
③ 宋平：《医患纠纷诉讼程序研究》，厦门大学出版社，2012，第94~96页。
④ 《全国人大常委会关于司法鉴定管理问题的决定》第一条规定："司法鉴定是指在诉讼活动中鉴定人运用科学技术或者专门知识对诉讼涉及的专门性问题进行鉴别和判断并提供鉴定意见的活动。"

果与医疗过错有无因果关系等专门性问题进行分析、判断并提供鉴定结论的活动。① 司法鉴定机构具有中立性，相互之间没有隶属关系，不受地域限制，鉴定机构只就医方是否存在过错以及医疗过错与损害后果之间是否存在因果关系进行鉴别和评判，而不能就是否存在医疗损害进行法律认定。司法鉴定实行鉴定人负责制度，鉴定人应当独立作出鉴定，对鉴定意见负责并在鉴定书上签名或者盖章。

《侵权责任法》施行后，《最高人民法院关于适用〈中华人民共和国侵权责任法〉若干问题的通知》规定，"人民法院适用侵权责任法审理民事纠纷案件，根据当事人的申请或者依职权决定进行医疗损害鉴定的，按照《全国人民代表大会常务委员会关于司法鉴定管理问题的决定》、《人民法院对外委托司法鉴定管理规定》及国家有关部门的规定组织鉴定"，各地在医学会的医疗事故鉴定与司法鉴定机构组织的医疗损害鉴定之间也有不同的倾向与选择，如上海、江苏优先选择前者，而北京倾向于后者。应当说，司法鉴定具有准司法活动的特点，司法鉴定机构是经司法行政部门批准设立的非营利性公益组织，其鉴定活动不能因个人意愿随时启动，而是必须按照司法机关的规定开展②，因此相比于医疗事故技术鉴定体制，医疗过错损害司法鉴定体制更符合诉讼程序公平正义的要求，更有助于查明医疗过失行为及其与损害后果之间的因果关系。③

司法鉴定结论作为《民事诉讼法》规定的一种证据方式具有重要的诉讼功能，首先，它是法官借以查明案件事实、认定案件性质的重要依据；其次，它以其专有的、特殊的判断和认定方式，使那些初步具有证明作用的证据材料在诉讼中显现证信力。最后，它是鉴别、认定其他证据是否具有真实性、可靠性的重要途径和必要手段。④

---

① 王岳：《医事法》（第2版），人民卫生出版社，2013，第139页。司法鉴定法律依据主要包括司法部发布的《司法鉴定程序通则》《司法鉴定机构登记管理办法》《司法鉴定人管理办法》《司法鉴定执业分类规定》《人体轻伤鉴定标准》《精神疾病司法鉴定暂行规定》等。也有人称之为"医疗过失司法鉴定"，参见王旭《医疗过失技术鉴定研究》，中国人民公安大学出版社，2008，第11页。
② 王旭：《医疗过失技术鉴定研究》，中国人民公安大学出版社，2008，第23页。
③ 韩玉胜：《医患纠纷法律解读》，法律出版社，2015，第247~248页。
④ 毕玉谦：《民事证据法判例实务研究》，法律出版社，1999，第224~225页。

目前，广东省法院系统还未对鉴定机构的条件、资质、标准进一步细化，广东省高级人民法院出台了关于医疗损害鉴定的指导意见，统一鉴定机构和鉴定名册，不分地域和级别，由鉴定机构统一对医疗行为有无过错、过错程度、损害原因等问题做出鉴定结论，辅助法院判断。

在医患纠纷仲裁案件中，医患双方处于平等的法律地位，均可以向仲裁院提出医疗损害鉴定申请。《深圳市医患纠纷处理暂行办法》第二十条规定："医患双方可就医疗机构的医疗行为是否构成医疗事故委托医学会进行医疗事故技术鉴定。医患双方对医疗事故鉴定结论不服的，仲裁委员会或人民法院可委托司法鉴定机构依法进行司法鉴定。"《深圳仲裁委员会仲裁规则》第九十三条规定："双方当事人对医疗机构的医疗行为是否构成医疗事故或是否存在过错存在分歧的，均可申请进行技术鉴定或司法鉴定。双方当事人一致同意进行医疗事故技术鉴定的，仲裁庭根据《医疗事故技术鉴定暂行办法》规定的程序委托鉴定。一方当事人对上述鉴定结论不服，又要求进行医疗过错司法鉴定的，是否准许，由仲裁庭决定。双方当事人一致同意进行医疗过错司法鉴定的，可共同选定或由仲裁庭委托具有法定资质的司法鉴定机构进行。一方当事人申请医疗事故技术鉴定、另一方当事人申请医疗过错司法鉴定的，仲裁庭可只委托进行医疗过错司法鉴定。仲裁庭应在收到当事人的申请后五日内决定是否同意进行鉴定并通知各方当事人。"

从实践中大多数的案件情况来看，进行司法鉴定的较多，当然，医学会也可以进行医疗损害技术鉴定，在"W4某诉F医院案"中，申请人与被申请人于该案立案前已共同委托深圳市医学会对该案进行医疗损害技术鉴定，并获受理。2011年7月12日，深圳市医学会出具医疗损害技术鉴定书。申请人对上述鉴定结论提出异议，主张伤残评定定级过低，未对其性功能丧失予以考虑，且被申请人的过错参与度应为100%，无过错的申请人不应承担部分责任。但申请人未对其上述异议主张提供反证，虽当庭提出司法鉴定申请，但后又申请不再进行司法鉴定。被申请人则认可上述鉴定报告中的因果关系参与度和伤残鉴定结果。

此外，笔者对"北大法宝数据库"中深圳两级法院审理的104起医疗损害责任纠纷案件进行了统计，具体情况见表9。其中部分案件进行了医学会组织的医疗事故技术鉴定或司法鉴定（有的案件因材料不足无法鉴定），有的案件进行了两种鉴定，还有的案件法院在取得鉴定意见后主动向非当事人的医院专家进行咨询。总体而言，司法机关尊重当事人的意愿，但首先要由当事人提交医疗事故技术鉴定或司法鉴定申请。如果当事人未提交鉴定申请，司法机关认为有必要时有权委托医学会或司法鉴定机构进行鉴定。

表9 "北大法宝数据库"中深圳医疗损害责任纠纷案件鉴定情况统计

序号	案件名称	案号	鉴定类型	鉴定意见的医方因果关系参与度	法院认定因果关系参与度
1	曾某某诉深圳市盐田区人民医院医疗损害责任纠纷案	（2014）深盐法民一初字第1092号	医疗事故技术鉴定	10%~20%	15%
2	赵某某等诉深圳市盐田区人民医院医疗损害纠纷案	（2013）深盐法民一初字第643号	司法鉴定	10%	10%
3	方某某等与深圳市宝安区人民医院医疗损害责任纠纷上诉案	（2015）深中法民终字第2504号	司法鉴定	1%~20%，同时存在伪造、篡改病历材料行为	70%
4	黄某某与深圳华西口腔门诊部医疗损害责任纠纷上诉案	（2015）深中法民终字第2706号	深圳市医学会组织的医疗损害鉴定	10%	因原告变更诉讼，请求未予认定
5	岑某某与深圳博爱医院医疗损害责任纠纷上诉案	（2015）深中法民终字第1161号	司法鉴定	61%~70%	70%
6	杨某某与北京大学深圳医院医疗损害责任纠纷案	（2012）深福法民一初字第4609号	司法鉴定	0	0
7	汪某某与深圳市宝安区福永人民医院医疗损害责任纠纷案	（2015）深宝法福民初字第80号	深圳市医学会组织的医疗损害鉴定	40%	40%
8	深圳市罗湖区人民医院与杨某某等医疗损害赔偿纠纷上诉案	（2015）深中法民终字第2017号	司法鉴定	21%~40%	30%

续表

序号	案件名称	案号	鉴定类型	鉴定意见的医方因果关系参与度	法院认定因果关系参与度
9	深圳市孙逸仙心血管医院与顾某某等医疗损害责任纠纷上诉案	（2015）深中法民终字第1468号	司法鉴定	10%～20%	20%
10	李某某、董某某与深圳中海医院医疗损害责任纠纷案	（2015）深中法民终字第1668号	司法鉴定	20%	20%
11	李某某与深圳市第六人民医院医疗损害责任纠纷上诉案	（2015）深中法民终字第1004号	司法鉴定	无法鉴定	0
12	陈某某与深圳市罗湖区人民医院医疗损害责任纠纷上诉案	（2015）深中法民终字第1734号	深圳市医学会组织的医疗损害鉴定	20%	20%
13	杨某某诉深圳市宝安区人民医院医疗损害责任纠纷案	（2013）深宝法少民初字第170号	司法鉴定	60%	60%
14	胥某某与深圳市龙华新区人民医院医疗损害责任纠纷上诉案	（2015）深中法民终字第1531号	司法鉴定	41%～60%	50%
15	翁某某等与北京大学深圳医院、深圳罗湖人民医院医疗损害赔偿纠纷上诉案	（2014）深中法民终字第683号	司法鉴定	未见被告罗湖医院门诊病历相关内容的记载，据此认为医方违反了《病历书写基本规范》第三条"病历书写应当客观、真实、准确、及时、完整、规范"、第十四条"门（急）诊病历记录应当由接诊医师在患者就诊时及时完成"的规定，存在过错	罗湖人民医院10%

续表

序号	案件名称	案号	鉴定类型	鉴定意见的医方因果关系参与度	法院认定因果关系参与度
16	深圳中海医院与熊某医疗损害责任纠纷上诉案	（2015）深中法民终字第1487号	司法鉴定	75%	75%
17	深圳华丹泌尿外科医院与冯某某医疗损害责任纠纷上诉案	（2015）深中法民终字第1411号	司法鉴定	60%	60%
18	吴某与深圳博爱医院医疗损害责任纠纷案	（2015）深中法民终字第909号	司法鉴定	无法鉴定	0
19	深圳市中医院与王某某医疗损害赔偿纠纷上诉案	（2015）深中法民终字第668号	司法鉴定	10%	10%
20	陈某某与香港大学深圳医院医疗损害责任纠纷上诉案	（2015）深中法民终字第1147号	未进行鉴定	未进行鉴定	未进行鉴定
21	深圳市南山区人民医院与岳某某医疗损害责任纠纷案	（2015）深中法民终字第648号	司法鉴定	41%~60%	50%
22	高某某等与深圳市人民医院医疗损害责任纠纷上诉案	（2015）深中法民终字第43号	司法鉴定	无法进行鉴定	根据医院死亡报告，酌定40%
23	杨某某等诉深圳中医院医疗损害责任纠纷案	（2015）深中法民终字第481号	深圳市医学会组织医疗损害技术鉴定	<5%	5%
24	深圳市南山区人民医院与刘某某等医疗损害赔偿纠纷上诉案	（2015）深中法民终字第555号	深圳市医学会组织医疗损害技术鉴定	50%	50%
25	周某某诉深圳市宝安区中心医院医疗损害责任纠纷案	（2013）深宝法少民初字第362号	深圳市医学会组织医疗损害技术鉴定	90%	90%
26	深圳流花医院与米某等医疗损害赔偿纠纷上诉案	（2014）深中法民终字第2534号	司法鉴定	61%~90%	75%
27	深圳市宝安区妇幼保健院与王某某等医疗损害责任纠纷上诉案	（2014）深中法民终字第3048号	深圳市医学会组织医疗损害技术鉴定	20%	20%

续表

序号	案件名称	案号	鉴定类型	鉴定意见的医方因果关系参与度	法院认定因果关系参与度
28	深圳恒生医院与匡某某医疗损害责任纠纷上诉案	（2014）深中法民终字第3169号	司法鉴定	41%~60%	50%
29	北京大学深圳医院与陈某某医疗损害责任纠纷上诉案	（2014）深中法民终字第3267号	未进行鉴定	未进行鉴定	酌情赔偿
30	张某某与深圳市人民医院医疗损害纠纷上诉案	（2014）深中法民终字第3030号	深圳市医学会组织医疗损害技术鉴定	0	0
31	陈某、朱某某、刘某某与深圳市南山区人民医院医疗事故损害赔偿纠纷上诉案	（2014）深中法民终字第2314号	司法鉴定	1%~10%	10%
32	叶某某、何某某、黄某某、叶某某与深圳宝田医院医疗损害责任纠纷上诉案	（2014）深中法民终字第2079号	司法鉴定	61%~80%	61%
33	深圳市南山区人民医院与王某某等医疗损害责任纠纷上诉案	（2014）深中法民终字第2912号	司法鉴定	0	0
34	叶某某与深圳罗岗医院医疗损害责任纠纷上诉案	（2014）深中法民终字第2631号	司法鉴定	21%~40%	40%
35	黎某某诉深圳市第二人民医院医疗损害责任纠纷案	（2013）深福法民一初字第469号	司法鉴定	21%~40%	40%
36	张某某诉深圳市龙岗区人民医院等医疗事故损害赔偿纠纷再审案	（2013）深中法审监民再字第52号	医疗事故技术鉴定	构成医疗事故，医方负有次要责任	按《医疗事故处理条例》处理
37	刘某某等与深圳市龙华新区人民医院医疗损害责任纠纷上诉案	（2014）深中法民终字第1851号	司法鉴定	21%~40%	30%
38	深圳市南山区人民医院与胡某某医疗损害责任纠纷上诉案	（2014）深中法民终字第1871号	医疗事故技术鉴定	有一定的因果关系，但未发现医方存在过失医疗行为，不属于医疗事故	20%

续表

序号	案件名称	案号	鉴定类型	鉴定意见的医方因果关系参与度	法院认定因果关系参与度
39	涂某某诉北京大学深圳医院医疗损害赔偿纠纷案	（2013）深福法民一初字第3889号	司法鉴定	10%	10%
40	杨某某与深圳市罗湖区人民医院医疗损害赔偿纠纷上诉案	（2014）深中法民终字第2069号	司法鉴定	40%	40%
41	深圳市福田区慢性病防治院与武某某等医疗损害责任纠纷上诉案	（2014）深中法民终字第1810号	司法鉴定	20%	20%
42	陈某某、陆某、陆某与深圳龙珠医院医疗损害责任纠纷上诉案	（2014）深中法民终字第1919号	司法鉴定	80%	80%
43	深圳健安医院与党某某医疗损害责任纠纷上诉案	（2014）深中法民终字第1569号	司法鉴定	61%~85%	经向其他医院进行咨询，61%
44	徐某某与深圳武警医院医疗损害责任纠纷上诉案	（2014）深中法民终字第1724号	未进行鉴定	未进行鉴定	0
45	郭某某诉深圳市第二人民医院医疗损害责任纠纷案	（2014）深福法民一初字第2010号	未进行鉴定	未进行鉴定	0
46	林某诉北京大学深圳医院医疗损害责任纠纷案	（2014）深福法民一初字第527号	深圳市医学会组织医疗损害技术鉴定	10%	10%
47	吴某某与深圳市第二人民医院医疗损害赔偿纠纷上诉案	（2013）深中法民终字第765号	深圳市医学会组织医疗损害技术鉴定	不构成医疗事故，医方有过错	80%
48	深圳市宝安区人民医院与杨某等医疗损害责任纠纷上诉案	（2014）深中法民终字第1244号	深圳市医学会组织医疗损害技术鉴定	60%~90%	75%
49	漆某某与深圳阳光医院医疗损害赔偿纠纷上诉案	（2014）深中法民终字第888号	深圳市医学会组织医疗损害技术鉴定	20%~40%	40%
50	何某某诉深圳口岸医院医疗损害责任纠纷案	（2014）深福法民一初字第630号	未进行鉴定	未进行鉴定	0

续表

序号	案件名称	案号	鉴定类型	鉴定意见的医方因果关系参与度	法院认定因果关系参与度
51	曹某某等与深圳市妇幼保健院医疗损害责任纠纷上诉案	（2013）深中法民终字第3068号	深圳市医学会组织医疗损害技术鉴定	60%～90%	90%
52	北京大学深圳医院、深圳第三医院与余某等医疗损害责任纠纷上诉案	（2014）深中法民终字第323号	深圳市医学会组织医疗损害技术鉴定	0	北京大学深圳医院占70%，深圳第三医院占30%
53	林某某与方永新西医内科诊所医疗损害责任纠纷上诉案	（2013）深中法民终字第3022号	深圳市医学会组织医疗损害技术鉴定	91%～100%	按照医疗事故处理
54	李某某诉深圳市某人民医院医疗损害责任纠纷案	（2012）深南法民一初字第1493号	司法鉴定	21%～40%	30%
55	罗某某等诉深圳市中医院医疗损害责任纠纷案	（2012）深福法民一初字第1416号	深圳市医学会组织医疗损害技术鉴定	0	0
56	郑某某诉深圳市眼科医院医疗损害赔偿纠纷案	（2013）深福法民一初字第135号	司法鉴定	1%～10%	20%
57	宁某某等诉深圳市福田区慢性病防治院医疗损害责任赔偿纠纷案	（2012）深福法民一初字第3805号	司法鉴定	20%	20%
58	李某某与深圳市宝安区西乡人民医院医疗服务合同纠纷上诉案	（2014）深中法民终字第587号	未进行鉴定	未进行鉴定	0
59	孙某谋诉深圳某某医院医疗损害责任纠纷案	（2014）深宝法公民初字第380号	司法鉴定	61%～90%	75%
60	陈某某与深圳市爱康健口腔医疗连锁有限公司医疗损害赔偿纠纷上诉案	（2013）深中法民终字第3025号	司法鉴定	40%～60%	60%
61	杨某某与北京大学深圳医院医疗损害责任纠纷上诉案	（2013）深中法民终字第2404号	深圳市医学会组织医疗损害技术鉴定	0	0

续表

序号	案件名称	案号	鉴定类型	鉴定意见的医方因果关系参与度	法院认定因果关系参与度
62	王某诉深圳市南山区人民医院医疗损害责任纠纷案	（2013）深南法沙民初字第236号	司法鉴定	60%~75%	70%
63	申某某与深圳博爱医院医疗损害责任纠纷上诉案	（2013）深中法民终字第1850号	深圳市医学会组织医疗损害技术鉴定	不构成医疗事故	0
64	王某某等诉深圳市光明新区人民医院医疗损害责任纠纷案	（2013）深宝法公民初字第866号	司法鉴定	1%~10%	5%
65	深圳市人民医院与彭某某医疗损害责任纠纷上诉案	（2013）深中法民终字第3026号	司法鉴定	1%~20%	20%
66	张某某诉深圳市南山区蛇口人民医院医疗损害责任纠纷案	（2012）深南法蛇民初字第141号	深圳市医学会组织医疗损害技术鉴定	不构成医疗事故	0
67	王鑫等诉北京大学深圳医院医疗损害赔偿纠纷案	（2013）深福法民一初字第4510号	司法鉴定	1%~20%	20%
68	高某等与深圳市人民医院医疗损害责任纠纷上诉案	（2013）深中法民终字第1070号	司法鉴定	1%~10%	10%
69	深圳市福田某某建江等医疗损害责任纠纷上诉案	（2013）深中法民终字第3009号	司法鉴定	1%~20%	20%
70	夏某与深圳市人民医院医疗损害赔偿纠纷上诉案	（2014）深中法民终字第2360号	司法鉴定	41%~60%	50%
71	王某某与深圳市南山区西丽人民医院医疗损害责任纠纷上诉案	（2013）深中法民终字第3039号	深圳市医学会组织医疗损害技术鉴定	不构成医疗事故	0
72	曾某某与深圳市职业病防治院医疗损害责任纠纷上诉案	（2013）深中法民终字第3000号	司法鉴定	0	0
73	刘某与深圳某某医院医疗损害责任纠纷上诉案	（2013）深中法民终字第2367号	司法鉴定	0	0

续表

序号	案件名称	案号	鉴定类型	鉴定意见的医方因果关系参与度	法院认定因果关系参与度
74	张某某与深圳市盐田区人民医院医疗损害责任纠纷案	（2013）深盐法民一初字第635号	司法鉴定	1%~20%	20%
75	深圳市人民医院与项某某等医疗损害赔偿纠纷上诉案	（2013）深中法民终字第2672号	深圳市医学会组织医疗损害责任鉴定	20%~40%	40%
76	陈某等诉某区妇幼保健院医疗损害赔偿纠纷案	（2013）深宝法少民初字第13号	未进行鉴定	未进行鉴定	0
77	张某与深圳平乐骨伤科医院医疗损害赔偿纠纷上诉案	（2013）深中法民终字第1858号	深圳市医学组织医疗损害技术鉴定	0	0
78	黄某某、李某为与深圳龙城医院医疗损害责任纠纷上诉案	（2013）深中法民终字第1887号	司法鉴定	60%~80%	70%
79	李某某与深圳平乐骨伤科医院医疗损害赔偿纠纷上诉案	（2013）深中法民终字第841号	深圳市医学会组织医疗损害责任鉴定	0	0
80	吴某某诉深圳市光明新区人民医院医疗损害责任纠纷案	（2013）深宝法公民初字第188号	司法鉴定	100%	100%
81	滕某某、姚某某与北京大学深圳医院医疗损害责任纠纷上诉案	（2013）深中法民终字第263号	深圳市医学会组织医疗损害责任鉴定	存在不足，不构成医疗事故	50%
82	广东省公安边防总队医院与李某某医疗损害责任纠纷上诉案	（2013）深中法民终字第149号	司法鉴定	61%~90%	75%
83	叶某某诉深圳市龙岗区坪地人民医院医疗损害赔偿纠纷案	（2013）深龙法民一初字第338号	司法鉴定	1%~20%	未明确
84	深圳龙城医院与陈某某医疗损害责任纠纷上诉案	（2013）深中法民终字第1382号	深圳市医学会组织医疗损害技术鉴定	50%	50%
85	冶某某诉深圳六联医院医疗过错损害赔偿纠纷案	（2013）深龙法横民初字第6号	司法鉴定	80%~90%	90%

续表

序号	案件名称	案号	鉴定类型	鉴定意见的医方因果关系参与度	法院认定因果关系参与度
86	张某某与深圳市南山区西丽人民医院医疗损害责任纠纷上诉案	（2013）深中法民终字第349号	医疗事故技术鉴定，司法鉴定	60%~90%	75%
87	陈某某等与深圳市妇幼保健院医疗损害责任纠纷上诉案	（2013）深中法民终字第443号	未进行鉴定	未进行鉴定	0，已尽到告知义务
88	深圳市光明新区光明医院与梁某某等医疗损害责任纠纷上诉案	（2013）深中法民终字第484号	司法鉴定	患者冠心病和药物过敏共同构成死亡原因	50%
89	孙某某与深圳宝田医院医疗损害责任纠纷上诉案	（2013）深中法民终字第467号	深圳市医学会组织医疗损害技术鉴定	无法鉴定	0
90	杨某某、北京大学深圳医院医疗损害赔偿纠纷上诉案	（2012）深中法民终字第2450号	深圳市医学会组织医疗损害技术鉴定，司法鉴定	存在过错	20%
91	邓某一等诉某区人民医院医疗损害责任纠纷案	（2012）深宝法公民初字第57号	深圳市医学会组织医疗损害技术鉴定	不构成医疗事故	5%
92	孙某某诉深圳市盐田区人民医院医疗损害责任纠纷案	（2011）深盐法民一初字第867号	司法鉴定	0	0
93	深圳市南山区人民医院与张某某等医疗损害责任纠纷上诉案	（2011）深中法民一终字第1813号	司法鉴定	10%~20%	20%
94	熊某某等诉深圳市宝安区某医院医疗损害赔偿纠纷案	（2011）深宝法民一初字第74号	医疗事故技术鉴定	一级甲等医疗事故，医方负次要责任	酌定30%
95	郭某某与深圳市龙岗区横岗人民医院医疗事故损害赔偿纠纷上诉案	（2011）深中法民一终字第1024号	医疗事故技术鉴定	构成三级丙等医疗事故，医方承担主要责任	90%
96	郝某某与深圳市人民医院医疗损害赔偿纠纷上诉案	（2011）深中法民一终字第915号	医疗事故技术鉴定，司法鉴定	不构成医疗事故，医方有过错	10%

续表

序号	案件名称	案号	鉴定类型	鉴定意见的医方因果关系参与度	法院认定因果关系参与度
97	周某芝等诉深圳市宝安区某某人民医院医疗事故损害赔偿纠纷案	（2010）深宝法民一初字第1157号	医疗事故技术鉴定	无法鉴定	由于医方提供的复印材料患方不予认可，致使鉴定不能进行，由被告承担鉴定不能的不利后果
98	杨某某一等与深圳市人某医院医疗损害赔偿纠纷上诉案	（2010）深中法民一终字第1973号	医疗事故技术鉴定	构成医疗事故	0
99	周某某等与深圳市宝安区某某医院医疗损害赔偿纠纷上诉案	（2011）深中法民一终字第683号	医疗事故技术鉴定，司法鉴定	不构成医疗事故，医方存在不足	10%
100	深圳市某某医院等与高某某医疗损害赔偿纠纷上诉案	（2010）深中法民一终字第1971号	司法鉴定	无法鉴定	50%
101	陈某某等诉深圳市宝安区某人民医院医疗事故损害赔偿纠纷案	（2007）深宝法民一重字第25号	医疗事故技术鉴定	30%	30%
102	周某某等诉深圳市宝安区某岩医院医疗损害赔偿纠纷案	（2010）深宝法民一初字第1154号	医疗事故技术鉴定，司法鉴定	不构成医疗事故，医方存在不足	10%
103	欧某某诉深圳市人民医院医疗事故损害赔偿纠纷案	（2007）深罗法民一初字第2225号	医疗事故技术鉴定	0	0
104	黄某某诉深圳某某门诊部医疗损害责任纠纷案	（2013）深龙法横民初字第1027号	司法鉴定	存在过错，不构成伤残	50%

4.2.2.2 司法鉴定证据的运用

司法鉴定的结果表现为司法鉴定意见，具有科学属性和证据学属性，但该鉴定意见只能作为一种法律效力待定的医学依据，必须经过查证属实才可运用到案件的审理中，《民事诉讼法》第六十三条第二款规定："证据必须查证属实,才能作为认定事实的根据。"《民事诉讼法》第七十八条规定:"当事人对鉴定意见有异议或者人民法院认为鉴定人有必要出庭的,鉴定人应当出庭作证。经人民法院通知,鉴定人拒不出庭作证的,鉴定意见不得作为认定事实的根据;支付鉴定费用的当事人可以要求返还鉴定费用。"

有学者认为,裁判者不能对鉴定意见的实体判断进行评判,只要不存在程序问题,就应采信鉴定意见。但这有"以鉴代审"的倾向。鉴定意见作为证据的一种,当事人有权对其进行质证。若法官或仲裁员不审查内容的真实性与科学性,《民事诉讼法》规定的"查证属实"就不能得到落实。当然,也要避免倾向性,即不尊重科学,不了解临床,在没有充分依据的情况下对专家意见妄下结论。① 这也是医患纠纷仲裁庭必须配备医学专家的原因和其主要优势。

对于司法鉴定意见,仲裁庭在听取双方意见的基础上,必须运用证据法的原理对其进行审查和认证。这种审查和认证既包括对鉴定意见单一证据的认定,也包括对鉴定意见与整个案件其他证据的综合认定;既包括对鉴定意见证据能力的认证,也包括对鉴定意见证明力的认证。

鉴定意见的证据能力是指其能够作为证据运用于法庭调查的资格,其必须符合一定的实体要件、程序要件和形式要件。具体包括以下内容。②

1. 司法鉴定机构及人员资格的合法性

司法鉴定机构必须是根据《司法鉴定机构登记管理办法》相关规定成立的组织,而司法鉴定人须是运用科学技术或者专门知识对诉讼涉及的专门性问题进行鉴别和判断并提出鉴定意见的自然人,具有科技工作者与法律工作者的双重身份,其必须符合《司法鉴定人登记管理办法》规定的条件和能力,取得司法鉴定许可证。每家司法鉴定机构受理鉴定的业务范围都应符合其从业登记许可的要求。

在"W6某诉Y医院案"中,被申请人针对广东中一司法鉴定所出具的

---

① 余明永:《医疗损害责任研究》,法律出版社,2015,第35页。
② 黄婷婷、刘婧、汤纪东:《医患纠纷鉴定意见的形成及其认证》,《中国司法鉴定》2012年第6期,第142~144页。

法医临床司法鉴定意见书提交书面质证意见，认为广东中一司法鉴定所不具有进行医疗损害鉴定的鉴定资质，鉴定人不具有进行医疗损害鉴定的鉴定资质且无相关临床医学专业知识，鉴定书所包含的内容不全面、不清晰等，并提交了重新鉴定申请书。广东中一司法鉴定所拟函《关于明确我所法医临床类别是否可以进行医疗损害鉴定的请示》至深圳市司法局。深圳市司法局复函广东中一司法鉴定所："根据《广东省司法厅准予登记决定书》（粤司许〔2013〕270号）文件和鉴定仪器配置情况，你所法医临床类别可以接受司法机关和当事人委托的除性功能鉴定和听力功能损害鉴定两个项目之外的其他法医临床司法鉴定项目（含医疗损害项目）。"

2. 司法鉴定程序合法性的审查

司法鉴定程序必须符合法律的规定，申请鉴定，决定鉴定，受理鉴定，鉴定资料（材料）的提取、保存、复制，鉴定实施，补充鉴定，重新鉴定，共同鉴定以及鉴定文书的制作等各个环节都必须符合法定程序。对于医患纠纷司法鉴定而言，其只能存在于诉讼或仲裁解决阶段，委托人只能是司法机关或仲裁机构，委托本身也必须依照法定职责和程序进行。对于有争议的鉴定意见，必要时可通知鉴定人出庭接受法庭质证，否则该鉴定意见将不具有证据能力。

3. 鉴定材料真实性和合法性的审查

鉴定材料是否真实、符合鉴定条件，关系到其能否作为鉴定的依据。在医患纠纷司法鉴定中，用来作为鉴定材料的检材、病历资料以及影像学资料等首先都需要经过法庭质证，经确认其真实性和合法性后，方可作为鉴定的依据。如果在鉴定过程中当事人提出新的证据材料，则鉴定人不能随意接收，而必须由法庭组织当事人双方再次质证后才能作为鉴定材料。鉴定机构在审查医患纠纷鉴定的材料时，其首要任务就是对材料的来源进行审查。通过非法手段获得的材料和未经法庭质证的材料均不能作为鉴定的依据。否则，在此基础上产生的鉴定意见将不再具有证据能力。在"Y3某诉P医院案"中，双方当事人共同委托了广东中一司法鉴定所对患者的死亡原因和被申请人的诊疗行为进行法医鉴定，该司法鉴定所作出了法医病理司法鉴定意见书和法医临床司法鉴定意见书，认定患者系肾上腺嗜铬细胞瘤致猝死，并认定被申请人应承担5%～20%的责任。仲裁庭认为，该鉴定机构通过对患者的尸体进行解剖，运用法医病理学进行诊断，作出了死因判定，该鉴定程序符合相关规定，仲裁庭予以采信。关于该鉴定机构作出的医疗过错鉴定，仲裁庭认为，该鉴定以病历作为主要鉴定材料，其鉴定结论也主要是在该病历资料基础上作出的。仲裁庭查明，被申请人医生有撕毁病历的行为，且没有将用药情况完整地记录在病历中，其病历的真实性、完整性存在瑕疵，因此，依据该病历作出的法医临床司法鉴定意见书不能作为仲裁庭判定当事人责任的依据。

4. 鉴定意见形式的合法性

法律要求鉴定人员在鉴定书上签名或盖章，并规定签名或盖章一般要两人以上，只有一个人签名、盖章的，不能被认定为合法的鉴定书。

鉴定意见的证明力是指证据对于案件事实认定的证明意义或影响力，即对已经具备证据能力的材料进行审查判断，体现的是证据对待证事实有无证明力及其证明力大小。它体现了证据对审判法官内心的影响力。[①] 现代证据法一般不对证据的证明力设定法律规则，而是交由法官根据经验和逻辑进行判断。[②] 具备证据能力的鉴定意见对案件事实的存在或不存在所具有的证明效果，取决于鉴定人的专业性和独立性、鉴定材料的可靠性和鉴定手段的先进性。[③] 最高人民法院《关于民事诉讼证据的若干规定》第七十一条、第七十七条规定，"人民法院委托鉴定部门作出的鉴定结论，当事人没有足以反驳的相反证据和理由的，可以认定其证明力"；"鉴定结论……证明力一般大于其他书证、视听资料和证人证言"。对于医患纠纷案件来说，一般涉及的都是专业性非常强的医学问题，法官对于医学知识的欠缺会导致案件处理的困难。所以，在医患纠纷案件审理中，法官除了对一般证据进行审查外，还应着重对医患纠纷鉴定意见进行审查。具体包括以下三个方面。[④]

[①] 叶青：《诉讼证据法学》，北京大学出版社，2006，第61页。
[②] 赵长江：《论鉴定意见的认证》，《理论月刊》2011年第4期，第128～130页。
[③] 霍宪丹：《司法鉴定通论》，法律出版社，2009，第121～123页，第172～173页。
[④] 郭华：《鉴定意见争议解决机制研究》，经济科学出版社，2013，第104页。

①审查鉴定机构是否具有解决本次医患纠纷的能力，如果鉴定机构不具备解决本次医患纠纷的能力和专业技术水平，那么其鉴定意见的可信度也就大大降低。在进行医患纠纷鉴定中，鉴定机构通过医患纠纷听证会了解医患纠纷发生的原因、经过以及双方争议的焦点。对于临床新技术和方法的应用，通过"专家证人"意见的方式给法官或仲裁员提供更专业的指导和建议。这些都可以作为相关证据与鉴定意见相结合供法官或仲裁员进行综合的考察。

②审查认定鉴定人在进行医患纠纷鉴定过程中，对当事人进行的检查、检验方法是否符合有关法定标准或行业标准的要求；采取的方法和操作程序是否规范、实用，鉴定的技术手段是否有效、可靠。

③审查认定该医患纠纷司法鉴定意见的论据是否充分、推论是否合理、论据与结论之间是否存在矛盾。法官或仲裁员对专业性的司法鉴定意见进行审查本身难度较大，需要将鉴定意见与案件的其他证据结合起来加以对照、分析和比较，如果认为其中存在相互矛盾或有抵触之处，应通知原鉴定人进行补充鉴定，也可另行指定或聘请其他鉴定人员重新鉴定。

司法鉴定机构出具的鉴定意见一般会对医方是否存在医疗过错、医疗过错与医疗损害结果之间的因果关系以及过错参与度等给出结论。在深圳医患纠纷仲裁实践中，鉴定结论一般被认为属民事证据的一种，参照《最高人民法院关于民事诉讼证据的若干规定》第七十二条的规定，一方当事人提出的证据，另一方当事人认可或者提出的相反证据不足以反驳的，人民法院可以确认其证明力。而从具体案件来看，医患双方当事人通常对损害事实的存在争议不大，焦点主要集中在医方是否存在过错及过错与损害事实之间的因果关系，因此这也是司法鉴定的重点和难点，因为医疗纠纷中的因果关系错综复杂，某一原因可以产生多种损害后果，某一损害后果也可以由多种原因产生，这一点将在4.2.3.3 小节中详细论述。

4.2.3　医方过错和因果关系判断

就医患纠纷案件审理而言，在具体案件中，仲裁庭通常会根据《中华人民共和国侵权责任法》第五十四条的规定，认为医疗机构承担医疗侵权责任的前提是医疗行为存在过错以及医疗行为与损害结果之间存在因果关系，因此仲裁庭最关键的工作是判断医方是否存在过错，以及过错与患方损害结果之间是否存在因果关系。这也是申请人和被申请人争议的焦点所在。

4.2.3.1 医方过错的种类

在侵权责任法语境下，过错包括故意和过失两种，医疗侵权行为中医方的绝大多数过错为过失。过失是指行为人对自己行为的结果应当预见或能够预见而没有预见，或者已经预见却轻信能够避免。尽管过失与故意同样具有主观性，但过失在侵权行为法中的首要表现形式是行为，即通过行为去判断行为人的内在主观状态。① 在实践中医疗过失主要分为以下几种类型。

1. 医疗技术侵权

以具有医疗过失为前提，过失是医疗技术过失，过失的认定方式主要是原告证明，损害事实主要是人身损害。具体包括以下几种。

诊断过失：一个理性的医师在疾病诊断中，对患者的疾病作出了不符合医疗水平的错误判断。② 误诊是指当确诊的客观条件具备或医方的诊断努力结束时，未能得出正确诊断结果。③

治疗过失：医疗机构及医务人员在医疗活动中，未遵守医疗规范、规章、规程，未尽高度注意义务，实施错误的治疗行为。此外，关于治疗中的用药问题，因为受医药科技发展和人类认知水平的限制，仍不可绝对避免药物使用存在的潜在的安全危险④，一般情况下，只有出现确定的药品不良反应才涉及到侵权问题，而事实上药品不良反应是一种药品生产企业、医院、患者均无过错的侵权行为。其虽然是一种产品设计缺陷，给患者带来了损害，但该缺陷是客观上不可避免的，在生产者进行了充分的风险告

---

① 朱岩：《侵权责任法通论总论》（上册），法律出版社，2011，第284页。
② 〔德〕克里斯蒂安·冯·巴尔：《欧洲比较侵权行为法》（下），张新宝译，法律出版社，2001，第386页。
③ 陈道纯：《从人类认识过程谈误诊概念》，《中国误诊学杂志》2001年第1期，第7页。
④ 钱之玉：《药物不良反应及其对策》，化学工业出版社，2005，第19页。

知,医方也按照使用说明进行使用的情况下,造成的损害只能按照无过错责任原则承担。①

护理过失:医护人员在护理过程中违反高度注意义务。

感染、传染过失:医疗机构及医务人员未尽到高度注意义务,出现院内感染或者传染,造成患者感染新的疾病损害生命健康。

孕妇生产检查过失:对胎儿状况的检查存在医疗疏忽或者懈怠,应当发现胎儿畸形而未发现,使胎儿出生后才发现畸形,造成"错误出生"②,以及产妇生产过程中的过失。

2. 医疗伦理侵权

违反告知义务过失:医疗机构未尽告知义务,擅自进行医疗行为,侵害患者的自我决定权。医方的说明义务和患者的知情同意权相对应,该项义务主要是指医方在取得患者对医疗行为的同意前,对该医疗行为的有关事项进行说明的义务。此种说明义务的内容主要是医疗过程中可能产生严重损伤后果的医疗行为,这些行为可能影响患者身体机能甚至危及生命,因此需要患者在知晓自己病情并了解这些医疗行为风险的基础上,做出是否同意该医疗措施的决定。③

违反保密性过失:医疗机构及医务人员违反保密义务,泄露患者隐私或者其他秘密。

3. 医疗管理侵权

主要是指病历资料制作、保管过失。病历是指医务人员在医疗活动过程中形成的文字、符号、图表、影像、切片等资料的总和,包括门(急)诊病历和住院病历。④ 病历在医院的医、教、研、管理中发挥着重要的作用,也是卫生行政管理、卫生统计、医疗保险理赔、疾病和交通等伤残鉴定及医疗事故处理的重要法律依据。⑤ 医方故意伪造、篡改病历会加重其责

---

① 王岳:《医事法》(第2版),人民卫生出版社,2013,第201页。
② 杨立新、王丽莎:《错误出生的损害赔偿责任及适当限制》,《北方法学》2011年第2期;张红:《错误出生的法律适用》,《法学家》2011年第6期。
③ 王胜明:《中华人民共和国侵权责任法释义》,法律出版社,2010,第287页。
④ 卫生部2002年《病历书写基本规范(试行)》第一条。
⑤ 古津贤:《医疗侵权法》,吉林大学出版社,2008,第147页。

任,在"方某某等与深圳市宝安区人民医院医疗损害责任纠纷上诉案"中①,司法鉴定意见认为医方存在的过错与患者的损害后果之间无直接因果关系,医方存在的过错属轻微因素,医方过错参与度为1%~20%。同时医方存在修改病历的过错。二审法院据此将医方的过错参与度定为70%。后文中亦会提到深圳医患纠纷仲裁院的相关案例。

4.2.3.2 医方过错的判断标准

医疗行为是医方使用医疗技术对患者实施治疗,帮助患者恢复健康的行为,本身就会对人体产生一定的侵害,因此医疗行为伴生的危险是"容许性危险",具有违法阻却性。② 故而不能根据医疗行为本身的侵害性来判断医方是否具有过错。目前对于侵权行为的过失认定标准已经趋向客观化,《侵权行为法》第五十七条要求医务人员履行"与当时的医疗水平相应的诊疗义务"。将过错界定与医疗水平挂钩,就让"当时的医疗水平"这一相对客观的标准成为判断医方是否存在过错的依据。这一标准既要求医方谨慎地尽到医疗职责,提高专业水准,又让患方"对医疗结果不能寄予超过当时医疗水平的期望",从而防止医闹的发生。③ 正如在下文"Z2某诉FZ医院案"中仲裁庭认为的那样,判断医方的诊疗行为是否存在过错应从患者的病情、自身条件、医方的诊断、治疗措施等多方面进行综合评判,而以治疗效果来推断诊疗行为之正误的做法是不科学的。在"杨某某与北京大学深圳医院医疗损害责任纠纷案"中④,深圳市福田区人民法院也认为,医疗活动是医院为患者提供的治疗服务,受限于现有的医疗技术发展水平,对于某些特殊疑难疾病,治疗结果存在一定的不确定性,因此,为患者提供的治疗服务是一种过程服务,不能单纯以治疗结果的好坏为标准来评判医院是否尽责履职,只要医院尽到与现有医疗技术水平相适应的注意义务,治疗活动不违反诊疗常规,就不能认定医院存在医疗过错。

---

① (2015)深中法民终字第2504号。
② 古津贤:《医疗侵权法》,吉林大学出版社,2008,第8页。
③ 赵新河:《〈侵权责任法〉平衡医患权益立法取向之解读与适用》,《学习论坛》2011年第2期,第77页。
④ (2012)深福法民一初字第4609号。

对于医疗水平，有人认为是指医学界普遍实施的技术水平①，而判断医疗水平首要依据一般诊疗规范和常规，此外也要考虑到案件中医疗的时间紧迫性、地域差异性和医疗分工专门性等因素。② 以医疗时的医学水平为判断标准，意味着医务人员应当为患者提供与医疗活动开展时的医学水平相匹配的医疗服务，这就要求医务人员应当负有随时学习医学知识及技术的义务，如果违背此项义务则可能被认定存在过错。③

对于诊疗义务，有人认为，此即与医疗水平相应的注意义务。因此，医疗过失认定的关键在于医方注意义务的界定标准以及违反注意义务的认定标准与方法。医方注意义务的界定标准主要是医疗法律法规，诊疗护理规范、常规和诊疗惯例的直接规定。根据具体内容可以分为两类，一是结果预见义务④，即要求医师在诊疗过程中集中注意力、保持足够的谨慎，认识到医疗行为可能产生危害结果的义务。⑤ 二是结果回避义务，结果的预见是结果回避的前提，医务人员仅履行结果预见义务是不够的，在预见到可能发生损害后还要积极采取合理措施以避免损害后果的发生、履行结果回避义务。结果回避义务主要表现在两个方面，一是舍弃危险行为，即医务人员在预见到自己行为将产生危害结果，且无法采取合理措施避免该结果发生时，应放弃危险行为的实施。二是提高警惕并采取安全措施。⑥

还有人认为，合理医疗水平标准不属于医学专业知识的范畴，也不是关于治病救人的医学知识，而是义务分配及风险分担的标准，是侵权法上判断过失的考量因素。如何分配损失和风险本属于法官的强项，然而由于绝大多数法官缺乏医学专业知识和经验，在学习、理解和适用这些标准的过程中难免存在困难。⑦ 下面我们通过深圳医患纠纷仲裁院的具体案例来展现和探讨仲裁庭对于医方是否存在过错的认定方法。

---

① 关淑芳：《论医疗过错的认定》，《清华大学学报》（哲学社会科学版）2002年第5期。
② 廖焕国：《论医疗过错的认定》，《政治与法律》2010年第5期，第18~28页。
③ 占津贤：《医疗侵权法》，吉林大学出版社，2008，第48页。
④ 王岳：《医事法》（第2版），人民卫生出版社，2013，第90~91页。
⑤ 李大平：《医师注意义务的履行》，《法律与医学杂志》2005年第12期，第96~101页。
⑥ 龚赛红：《医疗损害赔偿立法研究》，法律出版社，2001，第175页。
⑦ 吕锐：《构建和谐医患关系：法律的冲突与协调——以鄞州法院审理医疗纠纷为样本》，《法律适用》2009年第12期，第91页。

1. 诊断阶段过错

(1) W6 某诉 Y 医院案（有过错）

本案中患儿因"发热 2 天"至被申请人处就诊，后病情加重，转院之后死亡，经双方共同委托，法医鉴定为脑炎（以小脑病变为主）致急性脑功能障碍死亡。仲裁庭认为被申请人 Y 医院存在以下过错。

首先，被申请人未询问、记录患儿手足口病接触史。患儿于 2014 年 5 月 12 日因"发热 2 天"至被申请人儿科门诊就诊时，正值手足口病流行季节，按照《手足口病诊疗指南》（2013 版）"门诊医师在接诊中要仔细询问病史，着重询问周边有无类似病例以及接触史、治疗经过"之要求，被申请人应当询问患儿有无手足口病接触史，而被申请人门诊和住院病历中均无手足口病接触史询问记录。根据患儿所在幼儿园出具的证明，患儿所在班级 5 月突发 2 例手足口病，此班级自 2014 年 5 月 8 日起停课；因此若被申请人询问患儿手足口病接触史，就可得知患儿有接触史，从而重视手足口病的排查工作。

其次，未对患儿外周血白细胞计数明显增高、心率加快、血糖升高的原因进行深入分析。患儿于 2014 年 5 月 12 日 14:30 就诊时，查体结果为"咽充血（+），双侧扁桃体 I 度肿大"，血常规检查结果为"WBC 21.09 × 109/L，N 92.1%"，诊断为"急性扁桃体炎"，给予"泰诺林、开喉剑"治疗。患儿扁桃体并无脓点，而外周血白细胞计数明显增高，用"咽充血（+），双侧扁桃体 I 度肿大"不能解释，被申请人对这一异常现象未进行深入分析。事实上根据《手足口病诊疗指南》（2013 版）可知，外周血白细胞计数明显增高是重症手足口病早期症状之一，因被申请人疏于分析此异常现象，客观上错过了早期诊断重症手足口病的时机。此外，患儿入院时心率高达 138 次/分及 2014 年 5 月 14 日 5:40 患儿微量血糖值为 15.8 mmol/L，对于这两个异常数值，被申请人亦疏于分析。

被申请人未询问、记录患儿手足口病接触史，从而未能对患儿出现的重症手足口病早期症状给予重视，错过了早期诊治重症手足口病的时机，客观上延误了患儿手足口病的诊治，因此，其医疗行为存在一定过错。

(2) Y2 某诉 L 医院案（有过错）

2014 年 3 月 8 日，申请人前往被申请人处就诊时，B 超检查提示"子宫内膜增厚，目前宫内未见明显孕囊回声"，当日病历记录"停经 38 天，准备妊娠"；2014 年 3 月 13 日，超声检查提示"宫内妊娠；宫腔不均质回声区"，于是医生做出了"稽留流产"的诊断，随之而来的是申请人经历了人流、清宫等一系列手术及治疗。仲裁庭注意到，申请人到被申请人处就诊时，其目的是准备妊娠，当被申请人做出"稽留流产"的诊断后，其同意"终止妊娠"，仲裁庭认为，被申请人在为申请人诊疗过程中，存在思路不清、结论过于草率的不足。从专业角度讲，稽留流产是指胎儿在母体内死亡后没有及时排出，并长期稽留在宫腔内的现象。其前提是胎儿在体内死亡，通常情况下，判定胎儿在母体内死亡既要查看孕妇的临床症状，也要结合实验室的检验结论和超声波检查结果进行综合判定，而被申请人在申请人怀孕 40 余天的情况下仅凭"超声检查报告就直接判断为死胎，显然该结论是草率的，而此后的结果也证明，被申请人的诊断是错误的。被申请人错误的诊断结论导致申请人接受了不应有的手术与"治疗"。证据显示，被申请人对申请人于 2014 年 3 月 13 日、4 月 25 日、5 月 27 日分别施行过 3 次手术，4 月 12 日施行药流，2014 年 3 月 17 日的病理结果报告显示 13 日手术未见绒毛，医方未做进一步检查和诊断。结合申请人身体良好的情况（依据医方检查记录），仲裁庭认为上述治疗过程和措施低于目前的普通诊疗水平，并且医方存在未按诊疗规范操作的问题，治疗行为存在过错。医方在诊疗活动中存在过错，未尽到与目前医疗水平相应的诊疗义务，导致申请人失去这次做母亲的机会，身体亦遭受不必要的伤痛和损害，根据《侵权责任法》第五十四条、五十七条的规定，医方应当承担赔偿责任。

(3) W5 某诉 Z 医院案（有过错）

申请人认为自己因恶心呕吐到被申请人急诊内科就诊，当时是妊娠反应，而被申请人急诊内科误诊为胃炎，导致自己错过了做人流的时机，给自己造成了身心伤害。仲裁庭注意到，申请人先后两次到被申请人处接受治疗，第一次是 2014 年 11 月 21 日，申请人的临床症状为恶心，被申请人急诊医生为申请人做了"血常规、急诊肝功 5 项、急诊心肌酶 3 项、急诊肾功3项、急诊电解质6项、急诊随机血糖、急诊胰腺酶2项"等检验，做出了"胃炎"的临床诊断，仲裁庭认为，被申请人的该诊断是建立在实验室检测基础上而做出的，被申请人根据申请人的临床症状采取的治疗措施，符合治疗胃炎的诊疗规范。另外，申请人在之后就诊时主诉"末次月经"的时间及术前、术后的宫深和"清宫术""清出宫内组织30克"等判断，可知申请人在第一次就诊时并未怀孕，其呕吐不是妊娠反应，因此，被申请人对申请人的第一次诊疗判断正确，不存在误诊。申请人第二次到被申请人处就诊的时间是2015年1月17日，申请人主诉"停经9周，末次月经为2014年11月15日"，被申请人医生根据超声诊断报告单"宫内单活胎、估测孕13周+"的提示，做出了"孕13周+"的诊断，按此推算，申请人在2014年10月17日前后就已经怀孕，而申请人的末次月经是2014年11月15日，显然该诊断是错误的。被申请人妇科医生在为申请人做孕期判断时，没有结合"末次月经"等综合因素，仅凭超声诊断报告单的提示做出了"孕13周+"的诊断，使原本在门诊就可以完成的早期妊娠"人流术"变成了住院治疗，增加了申请人的经济支出，在此，被申请人的诊断存在不足，应承担相应的民事责任。

(4) Y3某诉P医院案（有过错）

2014年9月10日21时许，患者因"腹痛2小时"到被申请人处急诊内科就诊，其诊治经过如下。

a. 患者首诊到被申请人医院急诊内科就诊，医生在其病历第1页的"初诊病历记录"记载如下。

日期：2014年9月10日21时56分。

主诉：腹痛2小时。

现病史：2小时前无诱因出现腹痛，中上腹痛，伴恶心，呕吐胃内容物，无畏寒发热，无尿急，尿痛，口服药无好转。

体格检查：T36℃，Bp197/95 mmHg，神清，腹软，中上腹压痛（+），反跳痛（-），未扪及包块，麦氏点无压痛。

辅助检验检查：①急诊血常规；②C-反应蛋白酶测定；③血淀粉酶（AMS）；④血糖（GLU）；⑤急诊心电图；⑥腹部彩超（肝、胆、胰、脾）；

⑦下腹部彩超（含阑尾，肠系膜淋巴结）。

诊断：①腹痛查因：急性胃炎？胆囊炎？②糖尿病？

医嘱：①盐酸消旋山莨菪碱注射液 10 mg×1 支，用法：10 mg Qd 肌注；②0.9%氯化钠注射液（直立式）100 ml，泮托拉唑粉针 80 mg，用法：Qd 静滴共 1 天；③0.9%氯化钠注射液（直立式）250 ml，依替米星注射液（0.1 g:2 ml）0.3g，用法：Qd 静滴共 1 天；④曲马多注射液（100 mg:2 ml）1 支，用法：10 mg Qd 肌注；⑤不适随诊，明日复诊。

b. 2014 年 9 月 10 日 23 时 52 分，被申请人医生对该患者做第二次诊断，其病历记载如下。

病史同前，患者用药后仍有上腹痛，持续性，程度难忍，无发热，无转移痛，无腰痛，无皮肤黄染，无大汗及面红等。

体格检查：Bp190/110 mmHg，神清，精神差，心肺（-），剑突下压痛（+），无反跳痛，腹平软，麦氏点无压痛，肠鸣音低。

上腹痛查因：胰腺炎？肾绞痛？嗜铬细胞瘤？腹动脉夹层？

①予查血电解质，双肾彩超，腹平片；

②硝酸甘油 5 mg Ⅳ；

③建议住院进一步诊治。

c. 被申请人医生将病历第三页中的电子病历粘贴页撕毁，重新打印了一张电子病历，并粘贴在病历第三页上，其记载如下。

日期：2014 年 9 月 11 日 00 时 31 分。

主诉：腹痛 2 小时。

现病史：2 小时前无诱因开始腹痛，中上腹痛，伴恶心，呕吐胃内容物，在急诊用药治疗后，现仍有上腹痛，恶心，呕吐胃内容物，无腰痛，无出汗或面部潮红，无胸闷心慌，无皮肤黄染。

既往史：既往病史不详，无药物过敏史。

体格检查：Bp190/110 mmHg，神清，精神差，双肺无干湿啰音，HR150 次/分，律齐，杂音（-），腹平软，中上腹压痛（+），反跳痛（-），未扪及包块，麦氏点无压痛，肠鸣音低。

辅助检验检查：①急诊电解质 1（K、Na、Cl、Ca、TCO2）；②急诊心肌酶；③急诊肾功；④血糖（GLU）；⑤血酮体测定；⑥血清肌钙蛋白－I（CTnI）；⑦血淀粉酶（AMS）；⑧血清胆碱酯酶（CHE）；⑨彩超。

诊断：①上腹痛查因：胰腺炎？胆囊炎？心绞痛？主动脉夹层？②高血压？③糖尿病？

医嘱：①不适随诊；②建议查上中腹CT；③0.9%氯化钠注射液（直立式）100 ml，硝酸甘油注射液5 mg，用法：Qd 静滴 共1天；④建议住院进一步诊治，收内科。

d. 2014年9月11日凌晨，患者在做"心脏彩超"检查时，突发心搏骤停，经被申请人抢救，终因医治无效死亡。2014年9月11日2时40分，被申请人医生在病历第四页中记载如下。

患者上腹痛持续不缓解，烦燥不安，恶心，呕吐胃内容物，无腰痛，无发热。体格检查：Bp190/100 mmHg，精神差，神清，双肺无干湿啰音，HR149次/分，律齐，杂音（－），腹平软，上腹部压痛（＋），无反跳痛，肾区无叩痛，肠鸣音低。患者血压明显升高，上腹痛用药无好转。查心电图提示窦速，ST－T 改变，CK974 U/L，CKMB29.25 U/L，血糖15.9 mmol/L，$CO_2 \cdot CP$12.6 mmol/L，考虑嗜铬细胞瘤？心包炎？心绞痛？向患者家属告知病情，查上腹部CT、心脏彩超，因患者躁动不安，不能配合检查。予杜冷丁0.1 mg IM，上中腹部CT提示左肾上腺肿块，心脏彩超提示心前壁运动频率弱，查彩超过程中患者突发心搏骤停，予胸外按压，鼻通气，护送入急诊抢救。采取如下措施：①持续胸外按压；②气管插管，机械呼吸；③注射肾上腺素、阿托品。

仲裁庭认为，被申请人对患者的疾病存在漏诊、漏治的过错。从患者的法医病理司法鉴定意见书可知，患者患有肾上腺嗜铬细胞瘤。病历显示，患者于2014年9月10日21时许到被申请人医院急诊内科进行初诊时，其血压为197/95 mmHg，可见，患者系肾上腺嗜铬细胞瘤致高血压危象，该症状是明显的，而被申请人医生在初诊过程中，对患者高血压危象没有给予足够的重视，既没有对高血压做出诊断，也没有对高血压进行控制和治疗，其用药也只是针对"胃炎、胆囊炎、胰腺炎"展开的。2014年9月10日23时52分，被申请人医生在为患者进行第二次检查时，患者血压为

190/110 mmHg，被申请人医生在诊断中考虑了嗜铬细胞瘤存在的可能，进行了双肾彩超、腹平片检查，并使用了硝酸甘油进行降血压处理。另外，被申请人在 2014 年 9 月 11 日 00 时 31 分做第三次诊断时，在没有相关辅助检查结果的情况下，未对嗜铬细胞瘤进行进一步诊断，因此，仲裁庭确认，被申请人在初诊时，未对患者的高血压危象进行诊断，存在漏诊过错，在采取治疗措施时，没有针对高血压进行治疗，存在漏治过错。

（5）Z2 某诉 FZ 医院案（有过错）

2012 年 5 月 21 日，申请人因"停经、出血 1 + 小时"到北京大学深圳医院就诊，该院 B 超检查报告（摘要）描述如下："……宫内可见孕囊回声，大小约 7 mm×21 mm，未见胚芽回声，未见胎心搏动血流信号……"，超声提示"宫内早孕，未见心管搏动，请结合临床"，该院医生建议终止妊娠。申请人于当日 15 时到被申请人处就诊（该医院为申请人社保医疗定点医院），被申请人医生在病历中记载"停经 55 天，阴道出血 2 天，增多 2 小时，伴下腹疼痛。外院 B 超：宫内早孕（见卵黄囊），宫腔积血，宫口略开，阴道出血多"，诊断为"难免流产，决定做人流术"。被申请人向申请人送达了早孕人流术知情同意书，向申请人告知了手术的相关事项及可能出现的意外，申请人予以签字同意。随即，该院为申请人做了人流手术，手术记录："绒毛见、组织量 8 g"。医嘱："禁房事、盆浴 1 月，10 天后复查"。药单：①新生化颗粒 2 盒；②头孢呋辛 2 盒。并嘱不适随诊。

2012 年 5 月 29 日，申请人到被申请人处复诊，诊断为阴道炎，药单：①克霉唑片 0.5 g×3 粒；②氟康唑胶囊 50 mg×6 片。并嘱不适随诊。2012 年 6 月 12 日，申请人到被申请人处进行术后 20 天复诊，B 超提示"宫内异常回声，宫内见一个大小为 39.2 mm×22.7 mm 囊样结构，囊样结构距宫底 5.9 mm"，诊断为"人流不全"。

申请人于 2012 年 6 月 13 日住院治疗，入院后被申请人给予米非司酮和米索前列醇片进行口服药流，2012 年 6 月 16 日 B 超提示"宫腔内异常回声（胎物残留伴血块？）"，2012 年 6 月 17 日被申请人为申请人行清宫术，术后予抗感染等对症支持治疗。将宫腔组织做病理检查，诊断为胎盘绒毛及蜕膜组织。2012 年 6 月 19 日被申请人认定申请人临床治愈，予以出院。出院后申请人仍有阴道不规则流血，量时多时少。

2012年7月6日被申请人为申请人复查，B超提示"宫腔内异常回声"，诊断为"胚胎残留、子宫复旧不良"。医生开具新生化颗粒2盒，同时下了"清宫术"的医嘱，但未执行。申请人分别于2012年7月11日、2012年7月25日到被申请人处复诊，被申请人只是嘱其注意休息，没有做相应治疗。申请人于2012年7月30日到被申请人处复查，检查结果为"血中β-HCG为130.75 nmol/L"，医生下了"清宫术"的医嘱，但未执行。2012年8月6日申请人再次做B超，提示"宫腔内异常回声，血中β-HCG仍维持在129.79 nmol/L"，被申请人决定"暂不行清宫术"。

申请人于2012年8月28日到湖北省荆州市第一人民医院住院治疗，诊断为"人流术后，胎物残留"。该院考虑到"胎盘植入"的可能性，给予申请人保守治疗的方法（即MTX）。

申请人于2012年9月13日到深圳市妇幼保健院住院治疗，该院为申请人在宫腔镜下行宫腔妊娠残留物电切术，术中见"子宫内膜薄，两侧宫角不对称，右宫角深凹状，内见2.5 cm×2.0 cm灰黄色妊娠残留物"，将残留物送病理检查，诊断为（宫内物）重度退变机化的胎盘绒毛及蜕膜组织。申请人于2012年9月20日治愈出院。

关于被申请人的治疗行为是否存在过错的问题，仲裁庭认为，判断医方的诊疗行为是否存在过错应从患者的病情、自身条件及医方的诊断、治疗措施等多方面进行综合评判，而以治疗效果来推断诊疗行为之正误的做法是不科学的。仲裁庭认为被申请人对申请人疾病的定性不够严谨。2012年5月21日，北京大学深圳医院给申请人所做的B超检查报告载明"……未见胚芽回声，未见胎心搏动血流信号……"超声提示"宫内早孕，未见心管搏动，请结合临床"，被申请人接诊时已知申请人"阴道出血2天，增多2小时，伴下腹疼痛"。可以判定，申请人宫内胚胎已经停止发育（即胚胎死亡），被申请人实际为申请人实施的是清除停止发育的胚胎组织的手术，而非单纯的"人工流产术"。从专业角度而言，"人工流产术"属于计划生育手术范畴，是通过手术的方式将正常发育的胚胎组织从宫腔内取出而终止妊娠。而清除停止发育的胚胎组织的手术则属治疗疾病的范畴，是通过手术的方式将已经停止发育的胚胎组织从宫腔内清出。二者的性质不同，但在临床上的处理措施及治疗方法是一致的。

(6) W3 某诉 N 医院案（有过错）

2010年9月16日，申请人曾到被申请人的门诊部接受治疗。2010年9月19日，申请人感到身体不适，到被申请人下属的社康中心就诊，该社康中心护士给申请人做了心电图检查，申请人又到被申请人处就诊，该院为申请人做了常规心电图、心脏彩色多普勒超声、左心室功能测定、心肌酶检测等多项检查。

2011年4月28日，申请人在运动后感到胸部不适又到被申请人下属社康中心就诊，该社康中心护士给申请人做了心电图检查，心电图仪于2011年4月28日21：19做出的自动分析结果为"心律不明、侧壁心肌梗死可能、T波改变（T波倒置）"，同时，该心电图显示Q波异常。接诊医生嘱咐申请人到被申请人处做进一步诊疗并在病历记录中予以注明。申请人遵照医嘱于当日21时许到被申请人处进行检查，该医院为其做了常规心电图检查、心电监测并给其输氧。随后，申请人分别于2011年5月5日、6月7日、6月8日、6月17日多次到被申请人处接受治疗。申请人于2011年4月28日、5月5日、6月7日、6月8日、6月17日分别支付诊疗费122.58元、197.05元、24.34元、40.00元、333.83元、130.64元，共计848.44元。

2011年6月8日，申请人因"心律失常"到被申请人处住院治疗，该医院住院病案首页的"入院诊断"一栏记载为"心悸查因：心律失常？冠心病？高脂血症？"在申请人住院期间，被申请人为其做了常规心电图、动态心电图等检查，并进行了药物治疗，2011年6月14日，申请人出院。出院诊断为"心律失常，短阵室上性心动过速"。医嘱为"建议进一步做冠状动脉 CT 检查"。6月8日至6月14日，申请人支付住院诊疗费1652.00元。

2011年6月20日，申请人遵出院医嘱到被申请人处做了冠状动脉 CT 检查，检查结果为"冠状动脉 DSCT 检查未见明确异常"。双方当事人一致确认该份检查报告单排除了申请人患有"心肌梗死"的可能。申请人于当日支付诊疗费2007.52元。

关于被申请人是否存在诊疗过错的问题。申请人称，被申请人在为其进行心电图检查时,将仪器导线极性接反,做出了"心肌梗死可能"的结论,使申请人的经济受到损失,精神受到损害。被申请人则辩称,社康中心在心电图检查结果为"心肌梗死可能"时,已经注明"以上诊断结论需要经临床医生证实",因此其并不是最后的结论。仲裁庭注意到,申请人到被申请人下属的社康中心就诊时,为申请人做心电图检查的工作人员不是专业的心电图检测医生,没有严格按诊疗规范进行操作,出现了导联错误,从而导致心电图仪自动做出了"心肌梗死可能"的错误结论。对此,被申请人则称,出现T波倒置的原因有4种,不能简单认定是"左右手电极反接"造成的。仲裁庭认为,虽然出现T波倒置的原因有多种,但从该心电图来看,其是一份非正常心电图,不仅出现了"T波倒置",还显示"Q波异常",仲裁庭结合申请人随后所做的检查可知,被申请人的社康中心在2011年4月28日为申请人所做的心电图检查结论,系导联错误造成的。按照诊疗规范,医生在对心电图进行分析时,首先要判断该心电图是否是正常心电图,只有正常的心电图所记载的数据才能用于分析。在本案中,被申请人没有对心电图进行判断,而是将一份错误的心电图所反映的错误结论直接告知申请人,为申请人提供了一个错误的诊断结果,增加了申请人的检查与治疗费用,给申请人的精神造成了损害。虽然该报告注明了诊断结论需要由临床医生做出认定,但被申请人本部接诊后,为申请人做了多项检查并且让其住院治疗,临床医生并没有及时做出正确的诊断结论,以排除心肌梗死的可能。因此,被申请人在该诊疗过程中存在过错,应承担损害赔偿责任。

2. 治疗阶段过错

(1) Y1某诉L医院案(没有过错)

申请人因"腰酸胀痛间作,腰膝冷,双下肢酸楚乏力,性功能下降(早泄),脱发明显,精神尚可,睡眠一般,夜尿偶有"等症状去被申请人处治疗,被申请人诊断为"肾阳不足",前期给予六味地黄汤加减等治疗,后期给予"右归胶囊"中成药配合治疗。在治疗过程中,申请人又因"眼眶发黑、齿痕舌、大便溏、牙龈出血"等症状去被申请人处治疗,被申请人诊断为"牙周炎",并建议其去牙科就诊。自2014年5月中下旬开始,申请人因上述症状去深圳市人民医院处治疗,深圳市人民医院建议采用牙周系统治疗。申请人于2014年5月26日在深圳市人民医院检验的过程中,发现其体内的纤维蛋白原含量偏低,为1.65 g/L,血液科医生建议其三周后复查;申请人于2014年6月23日进行了复查,在复查检验时发现其体内纤维蛋白原含量已降为1.58 g/L。

在申请人不同意鉴定的情况下,仲裁庭依据自己的专业知识进行判断,认为被申请人的诊疗行为并无不当。从申请人到被申请人处就诊时的临床症状看,申请人"腰酸胀痛间作,腰膝冷,双下肢酸楚乏力,性功能下降(早泄),脱发明显,精神尚可,睡眠一般,夜尿偶有"等临床症状,属于"肾阳不足"的临床表现,被申请人前期给予六味地黄汤加减等治疗,后期给予"右归胶囊"中成药配合治疗,其诊断思路及治疗方法符合中医理法,并无不妥。申请人出现"眼眶发黑、齿痕舌、便溏、牙龈出血"及"纤维蛋白原偏低"的症状与被申请人的医疗行为之间存在因果关系的依据不足。从我国现有的医疗文献及国家药典来看,尚没有关于该治疗方法必然导致这些临床症状的记载,且申请人未提交充分证据对其上述主张予以证实。另外,关于申请人体内纤维蛋白原含量的问题,仲裁庭注意到,申请人在去被申请人处治疗之前,并未检验过其体内纤维蛋白原的含量,即没有证据证明申请人体内纤维蛋白原含量较低的事实发生在被申请人给予治疗之后,也没有证据证明申请人体内纤维蛋白原含量较低与被申请人的医疗行为之间存在因果关系。关于被申请人开具的中药里的"半夏"与中成药"右归胶囊"里的"附子"是否存在配伍禁忌的问题,申请人认为被申请人开具的中药里的"半夏"与中成药"右归胶囊"里的"附子"不能同时服用,其本人就是因为服用了被申请人开具的上述药方,才出现"眼眶发黑、齿痕舌、便溏、牙龈出血"等症状,并进一步发展成"纤维蛋白原偏低"。仲裁庭认为,中药的配伍禁忌指的是某些药物合用会产生剧烈的毒副作用或降低和破坏药效,这些药物不可在同一方药剂中进行配伍,也就是说该禁忌指的是不可出现在同一方药剂中的药物进行配伍的情况。我国中医药有着悠久的历史,经长期的研究探索,人们总结出了传统的中药配伍禁忌——"十八反"。在本案中,首先,被申请人并未将"附子"与"半夏"

配伍在同一方药剂中,另外,"十八反"中只规定了"半夏反乌头",并未标明"半夏反附子"①,因此,被申请人开具的中药里的"半夏"与中成药"右归胶囊"里的"附子"并不构成配伍禁忌,所以,仲裁庭对申请人的该观点不予采纳。综上,仲裁庭认为,被申请人的诊疗行为并无不当,申请人出现的不适症状与被申请人开具的药方之间存在因果关系的依据不足。

仲裁庭还认为,一种疾病在不同的人身上会出现不同的症状,同样,一种药物在不同的人身上也会产生不同的药物反应,该反应大体上可分为两个方面,一种是有益的反应,是与人们的治疗目的相一致的反应;另一种反应则是无益反应,是人们不希望出现的。不良的药物反应与药物产生疗效是相伴而生的,医生会尽力避免产生已知的不良反应,而对未知的不良反应只能在其出现时进行纠正,中医药治疗讲求的是辨证施治,医生需根据患者的临床症状不断地调整药物成分及药量,从而达到治疗的目的,因此,不能简单地将患者出现的不适症状判定为医方的过错行为导致的,这样做既缺少学理依据,也违反医学科学的基本原则。

(2) R 某诉 P 医院案(没有过错)

2013 年 9 月 7 日下午 3 点左右,患者因"咽痛、咳嗽 7 天,咽干喉痛,咳嗽。近来咳嗽加重"由申请人陪同到被申请人处的内科门诊就诊,门诊体查为"咽喉红,扁桃体Ⅱ度肿大,心率 80 次/分,两肺呼吸音粗,腹软,余可",并嘱定对患者进行胸片、CRP 检查。患者拿着申请单先去扎针采血,后于当日 15:21 到放射科登记检查胸片,并于 15:41 完成检查。患者与申请人于胸片检查完成后在放射科检查室门口的椅子上坐等检查结果。过了五到十分钟,患者因疼痛昏倒。申请人急呼救命。被申请人的护士发现后,随即对患者施行掐人中、摸动脉等急救措施,并于 15:48 携同保安与携带氧气袋和急救箱赶来抢救的医务人员一起用平车将患者送到急诊科抢救室抢救。被申请人"立即给予吸氧,建立静脉通道。快速判断患者无呼吸、心跳,立即给予胸外按压、心电监护、气管插管接呼吸机。同时请副主任医师指挥抢救。"副主任医师于 15:51 赶到急救室,指示持续胸外

---

① 国家药典委员会编《中华人民共和国药典》(2010 年版一部),中国医药科技出版社,2010。

按压，给予肾上腺素针 1 mg 静推、阿托品针 1 mg 静推，每 5 分钟 1 次，如发现粗室颤，立即给予电击除颤。同时，抽血查血常规、生化 10 项、心肌酶 4 项、肌钙蛋白。于 15：53 发现有粗室颤在心电监护心电图上呈现，立即给予 200 J 电击除颤。除颤后未见复律，立即继续胸外按压，阿托品针连用 3 次后停止应用。于 16：08 发现粗室颤，立即给予 360 J 电击除颤，仍未见复律，立即继续胸外按压。于 16：12 再次发现粗室颤，立即给予 360 J 电击除颤，除颤后仍未见复律，立即追加 3% 葡萄糖针 20 ml + 胺碘酮 150 mg 静注。患者仍无意识，心电监护心电图仍呈一直线，立即持续胸外按压，给予肾上腺素针 1 mg IV，每分钟 1 次，于 16：50 发现患者仍无意识，口唇及皮肤黏膜绀紫，双侧瞳孔散大、固定，约 6 mm，对光反射消失，双肺未闻及呼吸音，心音消失，腹平软，肠鸣消失，肛门括约肌松弛，心电监护心电图仍呈一直线，无心电活动，告生物学死亡。通知派出所，建议尸体解剖。

中山大学法医鉴定中心于 2013 年 9 月 13 日接受深圳市某区卫生局的委托对患者的死亡原因进行司法鉴定。其进行了尸体检验和组织学检查，并于同年 10 月 15 日出具《中山大学法医鉴定中心司法鉴定意见书》（中大法鉴中心〔2013〕病鉴字第 B8002 号）。做出患者"系冠心病发作致急性心功能障碍死亡"的鉴定意见。

案件审理期间，深圳医患纠纷仲裁院就"被申请人在对患者进行诊疗的过程中是否存在过错，若存在过错，其过错与患者的死亡之间是否存在因果关系，若存在因果关系，过错参与度是多少"等事项依职权先后委托南方医科大学司法鉴定中心、司法部司法鉴定科学技术研究所司法鉴定中心和广东中一司法鉴定所进行司法鉴定。

南方医科大学司法鉴定中心于 2014 年 2 月 17 日以"本案被鉴定人整个诊疗过程过于简短，病历资料过于有限，本中心技术能力所限，难以对医疗行为及其与被鉴定人死亡的因果关系进行分析，无法对本案做出明确鉴定意见"为由未予受理。司法部司法鉴定科学技术研究所司法鉴定中心于 2014 年 2 月 28 日向深圳仲裁委员会出具退卷说明，载明"本案未提供相关毒药物检测资料，依据现有书证材料，本中心无法对贵院及申请人提出的委托要求进行鉴定,经研究决定不予受理该案,送检材料退回贵单位"。

广东中一司法鉴定所于2014年3月20日书面回复接受委托并向深圳仲裁委员会出具缴费通知书,载明鉴定费合计6120元。仲裁庭决定由被申请人预交该鉴定费。广东中一司法鉴定所经检验分析于同年4月12日出具法医临床司法鉴定意见书。做出"被申请人在对患者的诊疗过程中未见明显过错,其诊疗行为与患者死亡无因果关系"的鉴定意见。2014年5月6日,广东中一司法鉴定所就申请人对其所出具的司法鉴定意见书提出的质证意见向深圳仲裁委员会做出如下说明,"一、关于患者死亡的主要原因:中山大学法医鉴定中心经尸体检验,结合案情分析,认为患者系冠心病发作致急性心功能障碍死亡。并排除了机械性暴力作用致死及药物过敏反应致死的可能性。中山大学法医鉴定中心是广东地区及全国的权威司法鉴定机构,其鉴定意见具有较高的科学性与权威性。本所鉴定意见书引用中山大学法医鉴定中心鉴定意见的主体部分说明患者死亡的主要原因是合适的。二、关于医院在诊治患者过程中是否存在耽误抢救及抢救措施不当的问题:本所鉴定人认真阅读了申请方、被申请方提供的材料及深圳仲裁委员会提供的仲裁庭文件,从上述材料记录的患者入院时间、门诊就诊时间、突发晕倒时间、抢救时间及死亡时间分析判断,认定医院不存在耽误抢救问题。其抢救过程中的用药及抢救措施,经深圳市孙逸仙心血管医院的资深专家会鉴,认为不存在过错。

仲裁庭确认并采信两份司法鉴定意见书。确认患者的死亡系其自身疾病所致,与被申请人的诊疗行为和抢救行为没有因果关系。

申请人提交了患者的病历、患者的检验报告单及影像检查报告单等证据欲证明患者身体正常、没有鉴定意见书所载明的疾病。仲裁庭认为,疾病检验报告单与所载的疾病具有关联性和对应性,只能用于判断某种疾病是否存在,并不能否定其他疾病存在的可能。申请人所提交的检验报告单及影像检查报告单等显示的人体健康指标并非人体的全部健康指标,并不排斥或者否定基于其他专项检测而获得的医疗检验结果。具体而言,申请人所提供的检验报告单及影像检查报告单等所显示的正常不能排斥或者否定基于心脏或者其他疾病所做的专项检测及其结果。况且,申请人所提交的检验报告单及影像检查报告单的个别指标已预示患者患有心脏疾病。因此，申请人以某一疾病的检验报告的正常否定其他疾病的存在是不合理的。相反，以尸体解剖为依据作出的《中山大学法医鉴定中心司法鉴定意见书》（中大法鉴中心〔2013〕病鉴字第 B8002 号）是可信赖的，依法可以作为认定案件事实的依据。

申请人认为患者的死亡是由患者扎针抽血致使中毒导致的。根据申请人提交的深圳市公安局某分局法医学鉴定委托登记表及中山大学法医鉴定中心出具的《中山大学法医鉴定中心司法鉴定意见书》（中大法鉴中心〔2013〕病鉴字第 B8002 号），在排除了他杀、机械性暴力作用致死及药物过敏反应致死的可能性后，中山大学法医鉴定中心做出患者因患冠心病致急性心功能障碍死亡的鉴定意见。本案没有能够证实患者有中毒的症状及其死亡的原因系扎针抽血导致中毒的证据。申请人提出的被申请人没有将患者使用过的医疗器械针头保留及做毒物鉴定的意见因患者非系中毒死亡而不能成立，且被申请人处理医疗废物的程序不违反《医疗废物管理条例》的规定。

申请人提出被申请人耽误了患者的抢救时间，且未使用正确的抢救医术方法。经被申请人提交的患者的病历、医院职工出具的抢救情况说明、患者拍片当日的拍片登记清单、患者胸部检查的 X 光片、患者的心电图等证据证实，患者于 2013 年 9 月 7 日 15：41 在被申请人放射科完成胸片拍片检查，在放射科检查室门口的椅子上坐等检查结果五到十分钟后，即 15：46 左右因疼痛昏倒。被申请人的医护人员于 15：48 将患者送入急救室抢救，并于 15：50 开始对患者进行心电监护。据此并结合急危重症患者有五分钟黄金急救时间的医疗常识可知，被申请人不仅在五分钟的黄金急救时间内赶到病患现场，且在该时间内对患者进行了急救。因此，仲裁庭认为，被申请人不存在耽误患者抢救时间的过错。申请人关于在停顿大概 15 分钟后才有医务人员及保安拖车来到现场从而耽误抢救的陈述和意见没有事实依据，不能成立。

根据患者的病历、深圳市卫生局主编并由人民卫生出版社出版的《深圳市疾病诊疗指南》（上册）记载的院内常见急危重症抢救流程之心肺脑复苏抢救流程及广东中一司法鉴定所出具的法医临床司法鉴定意见书可知，被申请人对患者的急诊抢救过程符合诊疗规范，不存在抢救措施及用药不当。申请人提出的被申请人未使用正确的抢救医术方法没有事实依据，也不能成立。

(3) Y4某诉S医院案（有过错）

患者曾在他处接受人工流产术以及上宫内节育环术，术后4天，其因头晕、发热而前往被申请人处进行治疗。2011年8月11日中午，患者感觉症状加重，被送至被申请人处就诊，该医院妇科门诊接诊后，于13:36在门（急）诊通用病历第1页中记载如下。

人流术后4天，头晕、发热2天。

患者于8月7日停经42天后，在私人诊所行人工流产术以及上环术，自述手术经过顺利，术后无腹痛，阴道流血少，2天前出现不明原因发热、头晕现象，曾测T38.5℃，于8月10日在私人诊所输液治疗（自述为"头孢类"药物，具体不详），无好转，感恶心，并呕吐胃内容物数次，非喷射状，无呕血，今日中午自觉症状加重，头晕、乏力、胸闷，遂来我院就诊，起病以来，精神、食欲及入睡欠佳，小便少，未解大便，今日上午在私人诊所取环。

既往体质一般，无"肝炎"史、"结核"史，有"胃病"史，其母有"高血压"病史。

孕5产1，人流4次，2010年6月在我院行剖宫术一次，手术顺利，术后恢复好。

体查：神清，精神欠佳，面色苍白，Bp80/50 mmHg，T37.5℃，P120次/分；双肺呼吸音清，无啰音，腹软，无压痛及反跳痛，双下肢无水肿。 妇查：外阴（−），阴道畅，内有少量暗红色血液，宫颈光滑，无举摆痛，子宫前位，大小质地正常，活动可，轻压痛，双附件未扪及异常。

初步诊断：①人流术后；②上感；③盆腔炎。

做血常规、B超。

被申请人于2011年8月11日14:03为患者做了血常规检查，报告结果（摘要）见表10。

表 10　患者血常规检查情况

参数	提示	结果	参考范围
中性粒细胞数目	H	$8.7 \times 10^9/L$	2.0～7.0
淋巴细胞百分比	L	9.9%	20.0～40.0
中性粒细胞百分比	H	87.0%	50.0～70.0
血红蛋白浓度		125 g/L	110～150
平均红细胞血红蛋白含量	L	26.3 pg	27.0～31.0
平均红细胞血红蛋白浓度	L	290 g/L	320～360
红细胞分布宽度变异系数	H	15.0%	11.5～14.5

被申请人于14：33为患者做了彩超检查，报告提示"子宫位置：前位，轮廓清晰，大小形态正常，肌层回声均匀。宫腔线居中，内膜不厚。双侧附件区未见明显异常回声，陶氏腔内可见液性暗区，深约13 mm。CDFI：未见异常血流信号。诊断：盆腔积液，请结合临床，建议复查"。

14：40，患者病情急剧恶化，被申请人随即对其进行抢救，在此期间，被申请人于15：12为患者做心电图检测，结果显示"完全性右束支传导阻滞，非阵发性心动过速，心室扑动？"，被申请人于15：26为患者做了电解质检验；于16：06为患者做了葡萄糖、淀粉酶检验；于16：08为患者做了尿常规检查；于16：18为患者做了凝血四项检验；于16：57为患者做了包括肌酸激酶在内的生化检验。17：15，被申请人将患者的病情向其家属进行了告知，患者的丈夫在病历第5页签字："了解病情，同意转院。"与此同时，患者心跳、呼吸突然停止，虽经被申请人全力抢救，仍于17：45被宣布死亡。

由于本案中的病历资料存在瑕疵，司法鉴定机构无法鉴定。仲裁庭认真分析了被申请人对患者治疗的全过程，认为被申请人的诊治存在以下不足。

①被申请人对患者的病情预判不足。从患者病历可知，被申请人医生在接诊时，没有考虑到患者有心脏病的可能。通常情况下，当患者出现头晕、乏力、胸闷现象，结合面色苍白、血压偏低（Bp80/50 mmHg）、心率

过速（120次/分）、体温与心率不成正比等体征，应当考虑心脏病的可能。而被申请人在该诊断过程中，并未深入分析这些异常现象，忽视了心脏病存在的可能。

②没有及时进行相关项目的检查。患者在13：36就出现了上述症状，尤其是在患者出现头晕、乏力、胸闷，且心率过速的情况下，理应为患者进行心电图检查，而14：03的血常规检查报告中已经显示中性粒细胞数目为8.7×10^9/L，中性粒细胞百分比为87.0%，血红蛋白浓度为125 g/L，表明患者存在感染的可能，但不存在失血现象，彩超报告也没有显示盆腔出血。此时，被申请人仍没有及时为患者做心电图检查，更没有做心肌酶（CK、CK-MB）检测。被申请人于15：12第一次为患者进行心电图检查，报告结论为"完全性右束支传导阻滞，非阵发性心动过速，心室扑动？"，16：57所做的生化检验显示有多项指标异常，其中肌酸激酶指数为706，超过参考值上限（170）的4倍，这些均是心肌炎典型的临床指征。此时，患者已进入休克状态。

(4) J某诉N医院案（没有过错）

申请人于2011年7月7日因车祸致脚部受伤，到被申请人处就诊，医生对其右踝部外伤做清创缝合，让其术后服用头孢克洛进行抗感染治疗。2011年7月9日，申请人因伤口愈合不佳又来到被申请人处复诊，该医院医生给申请人开了两盒头孢泊肟酯胶囊。该药说明书对药物做了详细介绍，摘要如下。"【适应症】适用于对本品敏感的葡萄球菌属、链球菌属、肺炎球菌、淋球菌、卡他布兰汉氏菌、大肠杆菌、克雷伯氏杆菌、变形杆菌属枸橼酸杆菌属、肠杆菌属、流感嗜血杆菌等引起的下述感染症：1. 呼吸系统感染；2. 泌尿生殖系统感染；3. 皮肤软组织感染；4. 耳鼻喉科感染；5. 其他：如乳腺炎等。【用法用量】口服，饭后服用，成人常用量为每次100毫克，每天2次。【不良反应】1. 重大不良反应：（1）休克，过敏样症状（血压降低、不适感、口内异常感、喘鸣、眩晕、便意、耳鸣、出汗、发疹等），故注意观察，若出现异常，应速停药并适当处理。……【注意事项】1. 慎重用药（下述患者应慎重用药）：（1）对青霉素类抗生素有过敏症既往史患者；（2）本人或双亲、亲兄弟有易引起支气管哮喘、皮疹、荨麻疹等过敏症状体质患者；（3）严重肾损害患者；（4）经口摄食不足患者或非经口维持营养患者，全身状态不良患者；（5）高龄者。2. 重要且基本注意：（1）遵医师处方；（2）可能会引起休克，故应仔细问诊。……【药代动力学】血清中浓度半衰期不依存于给药量而呈定值，其为约2小时。"

申请人称其服药半小时后，出现了头晕等不适症状。申请人于2011年7月11日到被申请人处给伤口换药，在申请人的病历中没有其出现过上述不适症状的记载。2011年7月15日上午11时40分，申请人到被申请人处看急诊，就诊记录显示"患者血压151/102 mmHg，脉搏77次/分；胸闷、头晕、大汗淋漓2小时；今10时始出现胸闷，后头晕，无黑矇，伴视物旋转，无耳鸣，走路不稳，伴呕吐胃内容物1次，大汗淋漓致衬衣湿透；既往体健，上周车祸致右踝外伤，予缝针处理，否认药物过敏；查体：神清，全身潮湿，双眼水平震颤，心肺腹查体无明显异常，颈软，病理征阴性"。同时申请人做了脑CT、心电图等检查。CT诊断报告提示其脑白质脱髓鞘改变，诊断为脑供血不足。此后，申请人又先后多次到被申请人处看病，医疗费共计2655.80元，2011年7月26日，申请人到被申请人处投诉，称其服用了被申请人医生开的药后，出现了不良反应并被单位辞退。

关于被申请人的诊疗行为是否存在过错的问题，仲裁庭从以下两个方面进行了分析。第一，关于被申请人使用药物的合理性问题。仲裁庭注意到，申请人因外伤到被申请人处进行清创缝合后，被申请人的医生为防止申请人伤口感染，给其开了口服药头孢克洛进行抗感染治疗，当被申请人发现该药物治疗效果不明显后，给申请人更换了头孢泊肟酯胶囊，从头孢泊肟酯胶囊说明书可知，该药物系广谱抗菌药，适用于治疗皮肤软组织感染等感染疾病，因此，被申请人使用头孢泊肟酯胶囊来防止申请人伤口感染的行为并无不当。第二，关于申请人的身体条件是否可以使用该药物的问题。申请人称，自己在服用了被申请人开的头孢泊肟酯胶囊后，出现了不良反应以及医疗损害后果。仲裁庭认真查阅了头孢泊肟酯胶囊说明书，指出，该说明书的【不良反应】项中提示，患者如出现休克、过敏样症状应速停药并进行适当处理。同时【注意事项】中提示应慎重用药。可见，该说明书对如何使用该药物做了详细介绍。仲裁庭认为，药物的不良反应是指患者使用合格的药物进行预防、治疗疾病过程中，在正常用法用量情况下服用药品所出现的与治疗目的无关的或意外的有害反应，是在现有医学科学技术条件下发生的无法预料或者不能防范的不良后果。这种反应有一些是可知的当然反应，也有一些是特异性反应，它可在不特定的人身上出现不同的反应。因此，这就要求医生在使用该药物前应详细了解患者的既往病史和家族史，由于医生无法预知这些情况，因此需要患者向医生进行说明。本案中，没有证据证明申请人曾对头孢泊肟酯胶囊有过不良反应，也没有证据证明申请人存在对该药物的禁忌症。因此，被申请人的医生给申请人使用该药物符合治疗规范。综上所述，被申请人的医生在为申请人治疗过程中给申请人使用头孢泊肟酯胶囊的行为及使用药物的用法、用量符合药物说明书中的规范，其诊疗行为符合医疗规范，不存在造成医疗损害的过错行为。第三，关于申请人的临床症状与被申请人的诊疗行为是否存在因果关系的问题。仲裁庭注意到，当申请人出现了身体不适症状后，被申请人为申请人进行了有针对性的检查，申请人的脑CT结果显示，申请人患有"脑白质脱髓鞘改变"，确诊为脑供血不足所致。仲裁庭认为，现有医学科学表明，脑白质脱髓鞘改变是遗传易感个体与环境因素共同作用产生的自身免疫病，其发病诱因有很多，比如脑供血不足。本案中，申请人的症状符合脑供血不足的临床表现，申请人没有证据证明该症状是由被申请人的诊疗行为所导致的，因此，仲裁庭对申请人提出的由被申请人赔偿其损失的仲裁请求不予支持。

（5）Y3某诉P医院案（有过错）

针对该案，仲裁庭认为，被申请人在对患者的治疗中存在用药不当的过错。①被申请人在患者出现高血压危象的情况下，选用硝酸甘油降压，用药后，被申请人没有对降压效果进行观察与评估，尤其是在判定患者可能存在嗜铬细胞瘤的情况下没有采用α-受体阻滞剂控制血压以迅速救治高血压危象，而依然使用降压效果不理想的硝酸甘油降压，显然，其用药不合理。②被申请人在患者出现持续高血压，且窦性心动过速（149次/分），腹痛病因诊断不明的情况下，为患者肌注杜冷丁100 mg，虽然被申请人称其使用杜冷丁是出于安全、人道的角度考虑的，但其忽视了杜冷丁具有"加速心率、抑制呼吸、引起休克"的副作用，存在用药不当过错。

（6）Z1某诉LR医院案（有过错）

2011年11月11日18时，申请人因车祸受伤被送至被申请人处入院救治，经被申请人做入院检查，查体结果（摘要）如下："患者左前额部由眉头向发际见一纵行伤口，长约4 cm，深入皮下，伤口边缘整齐，中度污染，活动性出血；双腕关节可见明显畸形，肿胀明显，局部皮下有瘀斑，双腕关节肿痛较为明显，可触及明显骨擦感，纵向叩击痛明显，双腕关节活动明显障碍，双上肢血运可，感觉稍有异常"。X线提示：①左右侧尺、桡骨远端粉碎性骨折；②左第4、5掌骨骨折；③鼻骨骨折；④右桡骨小头不完全骨折可疑。入院诊断为车祸伤，具体如下：①双侧尺桡骨远端粉碎性骨折；②鼻骨骨折；③左第4、5掌骨骨折可能；④头皮裂伤；⑤脑震荡。申请人入院后，被申请人依伤情行清创缝合及双腕骨折手法复位、石膏外固定，全身行抗炎、支持、对症等治疗。被申请人于2011年11月12日为申请人做了进一步CT检查，其检查项目包括肘关节、腕关节、三维重建，该CT检查报告单的"影像所见"记载"右腕CT扫描+三维重建：右尺桡骨远端可见多条不规则形骨折线影，局部累及关节面，桡骨骨折远端稍向掌桡侧移位。左腕CT扫描+三维重建：左尺桡骨远端仍可见骨折线影，累及桡骨关节面，远端稍向掌侧移位"。被申请人2011年11月12日、13日的查房记录记载，申请人"……双手指间关节活动轻度受限，稍感觉有麻木……"

2011年11月16日，被申请人向申请人送达了手术同意书、骨科四肢骨盆手术知情同意书、关于使用内植物的告知书、使用植入医疗器械知情同意书、麻醉知情同意书、术后镇痛知情同意书，向申请人告知了手术、麻醉及植入器械等的相关事项及可能出现的风险，并在手术同意书中载明了手术中可能出现的各种意外和并发症。

2011年11月17日，被申请人在完成了相关的术前手续后，在臂丛麻醉下分别为申请人行右桡骨远端骨折切开复位"T"型锁定钢板内固定以及左桡骨远端骨折切开复位"T"型锁定钢板内固定、尺骨远端骨折复位克氏针内固定手术，手术记录记载"①患者仰卧位，左右两侧分开手术，先做右侧。臂丛麻醉生效后，右侧上臂根部放置气囊止血带，重新常规消毒铺巾，驱血后止血带充气。②右腕约平腕近纹处作一桡掌侧弧形切口，约5 cm长，依次切开皮肤及皮下组织，显露桡动脉及正中神经，注意保护，于桡侧腕屈肌桡侧分离并牵开，切断旋前方肌，见桡骨远端粉碎骨折累及腕关节，骨折块向掌侧分离移位，清除骨折端血肿组织后将骨块复位，放置一个桡骨远端6孔锁定钢板，远端拧入4枚锁定钉。取一同样长锁定板在体表定位，在近端相对应体表处切开长约3厘米皮肤切口，显露远端锁定孔，钻孔后拧入3枚锁定钉，观察骨折对位好，内固定牢靠，被动活动腕关节无异常，生理盐水冲洗切口后逐层缝合切口。③左侧臂丛麻醉成功后取仰卧位，上臂根部放置气囊止血带，重新常规消毒铺巾，驱血后止血带充气。在左腕约平腕近纹处作一桡掌侧弧形切口，约6 cm长，依次切开皮肤及皮下组织，显露桡动脉及正中神经，注意保护，于桡侧腕屈肌桡侧分离并牵开，切断旋前方肌，见桡骨远端粉碎骨折，骨折块向掌侧分离移位，清除骨折端血肿组织后将骨块复位，放置一个桡骨远端4孔锁定钢板，远近端各拧入3枚锁定钉。在同一切口处显露尺骨远端骨折处，见尺骨远端斜形骨折，用交叉克氏针固定，观察骨折对位好，内固定牢靠，被动活动腕关节无异常，生理盐水冲洗切口后逐层缝合切口。④术后双腕功能位石膏托外固定，术程顺利，术中出血约200毫升，安返病房。"术后行抗炎、支持、对症、促骨愈合、促神经修复、指导功能锻炼等治疗。查房记录显示，2011年11月18日至11月22日，申请人有"双手指伸屈活动受限，末梢感觉稍有麻木"现象，2011年11月25日之后的查房记录显示申请人有"右手无明显麻木，左手稍有麻木""左手第2、3、4指感觉稍麻木"的情况，申请人于2011年12月27日出院，其后在被申请人门诊部继续随诊治疗。

  2011年11月25日，被申请人为申请人做了CT检查，其CT胶片显示被申请人在申请人的右侧桡骨上多打一个孔。2012年2月29日，申请人到深圳市人民医院做腕关节CT检查，CT报告单显示"左侧桡骨支架尖端达腕关节间隙"。2012年3月30日，申请人到深圳市人民医院做肌电图检查，肌电图/诱发电位检查报告显示"①左侧正中N，腕以下段部分纤维功能受损，可见部分恢复电生理表现，其中运动纤维传导大部分存在，至指1、2、

3感觉传导尚不存在，所支配肌EMG呈明显神经源性病损表现，可见较多呈复合多相及高幅再生电位出现；②左侧尺N，末端少量纤维功能轻度受损，主要累及骨间肌纤维，可见明显恢复电生理表现，尺N至各肌运动传导均正常，至指5感觉传导正常；③右侧桡浅N，末端感觉传导功能完全受损。"2012年6月27日，申请人再次到深圳市人民医院做肌电图检查，肌电图/诱发电位检查报告显示"①左侧正中N，腕以下段部分功能较明显受损，可见部分恢复电生理表现，较之前情况稍有好转（指1、2、3SNAP仍消失，至大鱼际肌运动传导大部分存在；大鱼际肌EMG可见较多呈复合多相及高幅再生电位出现，偶见正峰电位存在）；②右侧桡浅N，末端感觉传导功能仍不存在（SNAP消失）；③左、右尺N，末端少量纤维功能轻度受损恢复期表现。"

2012年7月24日，申请人为取内固定装置再次入住被申请人处，被申请人为其做了相关检查并履行术前手续后，于2012年7月26日在臂丛麻醉下先行右腕内固定装置取出术。术中，申请人拒绝按术前医嘱行留置导尿，被申请人经右前臂两个原手术切口，取出"T"钢板两端的螺钉5枚，因靠近"横臂"的两枚锁定螺钉与钢板、骨骼结合紧密，其内六角孔变圆滑，难以顺利取出，被申请人只得合并两切口，从桡骨背侧用圆锯扩孔后，才将钢板与两螺钉一并起出，最后分层缝合伤口；在行左臂丛麻醉后，由于手术时间过长，加之左前臂远端原手术切口处麻醉效果欠佳，申请人提出中止手术并要求改期再取左桡骨远端内固定装置，遂暂停手术回病房。被申请人于2012年8月2日在左臂丛麻醉下顺利取出申请人桡骨内固定钢板和尺骨内固定克氏针。被申请人于2012年8月13日为申请人右腕伤口拆线，应申请人及其家属要求，同意其于当日出院，出院医嘱：①出院后全休两个月，坚持行双腕关节及各指功能锻炼；②3天后可拆除左腕伤口缝线……

双方当事人均未提出医疗损害鉴定申请，仲裁庭意见如下。

①关于申请人的左侧正中神经损伤的归责问题。从人体解剖学角度看，正中神经在前臂正中下行于指浅、深屈肌之间达腕部，然后自桡侧腕屈肌腱和掌长肌腱位之间进入腕管，而腕管则由屈肌支持带与腕骨沟共同围成，

管内有指浅、深屈肌腱和拇长屈肌腱等 9 条肌腱穿过，正中神经在此通过进入手掌。正中神经损伤可由多种原因形成，牵拉、挤、压及切割等均可造成正中神经损伤，据《坎贝尔骨科手术学》介绍，腕骨骨折患者中有 31.7% 的存在正中神经损伤。通常情况下，尺桡骨远端粉碎性骨折多由间接外力引起，一种是摔倒时，患者手臂伸出，前臂旋前，腕部背伸，以手掌着地，应力作用于桡骨远端而发生骨折，由于正中神经与肌腱先受力，因此正中神经较易损伤；另一种是摔倒时，患者腕背及掌背着地，形成尺桡骨骨折后，断端挤压或刺破正中神经。本案中，申请人因交通事故致"双侧尺桡骨远端粉碎性骨折"，系受到高速暴力所致，从其肌电图/诱发电位检查报告可知，申请人左侧正中神经、尺神经、右侧桡浅神经均有不同程度损伤。申请人的住院病历显示，申请人术前有"双手指间关节活动轻度受限，稍感觉有麻木"的症状，术后有"稍感觉有麻木""左手第 2、3、4 指感觉稍麻木"的症状，虽然术前病历中有两天没有记载申请人的麻木症状，但不能视为受损神经已经自愈。因此，仲裁庭认为，申请人左侧正中神经损伤因交通事故所致的可能性较大。仲裁庭同时认为，该正中神经损伤也不能排除申请人在手术过程中受到医源性损伤的可能。首先，仲裁庭审查了被申请人的手术记录，发现被申请人为了放置左侧锁定钢板，在申请人"左腕约平腕近纹处作一桡掌侧弧形切口，依次切开皮肤及皮下组织，显露桡动脉及正中神经，于桡侧腕屈肌桡侧分离并牵开，切断旋前方肌……"虽然该操作符合诊疗规范，但在牵拉肌腱及正中神经过程中，有加重正中神经损伤的可能；其次，被申请人在申请人术前"稍感觉有麻木"的情况下，没有对申请人的症状做明确的诊断，且病历记载不够具体，致使无法排除其正中神经受到医源性损伤的可能。因此，仲裁庭认定，被申请人对申请人左侧正中神经受损存在一定过错，应负次要责任。

②关于被申请人在申请人的右侧桡骨上多钻一个孔是否存在过错的问题。仲裁庭认为，医生在为患者放置锁定钢板时，由于手术切口及操作面的限制，为了达到最佳的固定效果，需要经常对放置的钢板进行调整，有时会放弃原钻孔，该操作并不违反诊疗常规，鉴于骨骼自身具有较强的修复能力，该行为对申请人的健康不构成损害，因此，被申请人的该诊疗行

为不存在过错。

③关于被申请人将钢板螺钉打入关节腔是否存在过错的问题。从 CT 报告单来看，左侧桡骨钢板螺钉打入了申请人的腕关节间隙，对此，被申请人辩称手术时已经确认该螺钉没有进入关节腔，同时对该 CT 报告单表示认可，仲裁庭认为，桡骨骨折切开复位内固定术是开放性手术，术中术者可观察关节面以确保螺钉不进入关节腔，桡骨腕关节面处有软骨覆盖，通常情况下，尺桡骨远端粉碎性骨折后，该软骨也会受损，术后软骨由于收缩而下陷，会使原本处于软骨内的螺钉外露到腕关节腔内。申请人术后无螺钉影响左腕关节功能的客观症状及证据，因此仲裁庭不能认定申请人的左腕关节功能恢复不良与术中螺钉植入有关。但螺钉不进入关节腔是该手术的基本要求，被申请人应当对植入螺钉的深度和角度尽到谨慎的注意义务，因此，被申请人在手术中存在不足，应承担一定的责任。①

（7）Z2 某诉 FZ 医院案（有过错）

仲裁庭认为，从诊治的过程来看，被申请人对异常情况的判断思路不够清晰，处理措施存在欠缺。被申请人于 2012 年 5 月 21 日首次接诊后，查明申请人停经、阴道出血、宫口略开、血量增多并伴下腹痛，结合申请人在北大医院所做的 B 超检查报告，确诊为难免流产。为申请人行人流术，开具新生化颗粒和头孢类抗炎药物，该治疗思路及措施是正确的，从手术记录来看，被申请人记载申请人子宫位置为"后倾后屈"，仲裁庭认为，为稳妥起见，被申请人应当在 B 超监导下进行手术，同时，被申请人对绒毛的描述只是"绒毛见"，而没有描述吸出胚胎及绒毛组织是否完全，这对后续判断产生了一定影响。申请人于 2012 年 5 月 29 日进行术后一周复查时，被申请人只对申请人的阴道炎进行了诊治，没有对申请人的清宫术进行复查，如果当时被申请人为申请人做了 B 超检查，则可更早地了解该清宫术的效果。当申请人于 2012 年 6 月 12 日进行复查时，被申请人通过 B 超检查

---

① 本案涉及植入类医疗器械，其是指任何借助外科手术，器械的全部或者部分进入人体腔道、体内组织、血液循环系统、中枢神经系统，在手术结束后长期滞留在体内，或者部分留在体内至少 30 天的医疗器械。按照《产品质量法》的规定，产品的缺陷指其存在危及人身、他人财产安全的不合理危险，参见王岳《医事法》（第 2 版），人民卫生出版社，2013，第 219 页。

发现申请人宫内有异物，并于 2012 年 6 月 13 日将申请人收入院进行治疗，期间为申请人实施了"药流 + 清宫术"的第二次手术，申请人于 2012 年 6 月 19 日出院，该期间被申请人的治疗过程并无不当。仲裁庭认为，"负压吸引术"系"非直视下手术"，本身就具有一定的局限性，"漏吸"与"胎物残留"属该手术的常见并发症，不构成医疗过错。仲裁庭同时注意到，被申请人在随后的治疗过程中治疗思路不够清晰，2012 年 7 月 6 日，被申请人在二次清宫术后仍怀疑申请人"胎物残留、子宫复旧不良"，尤其是当申请人血 HCG 值居高不下、已经被判定"清宫不全"时，被申请人没有做相应的治疗。庭审中，被申请人对此解释为"等待子宫复旧，为下一次清宫创造条件"，那么，按照被申请人的该观点，被申请人就应当为申请人行"抗炎、止血、促宫缩"治疗。但仲裁庭注意到，被申请人在该阶段并没有针对子宫复旧进行治疗，且下了"清宫术"的医嘱，显然其治疗思路混乱。因此，被申请人在诊疗过程中存在思路不清晰、措施不当的不足。

另外，被申请人存在转诊不及时的不足。被申请人在申请人经过两次清宫，其间还进行药流、其血 HCG 值反复升高的情况下，应当考虑特殊情况如"胎盘植入"的可能，及时变更治疗方案，尽早采用宫腔镜手术的方式进行治疗。对此，被申请人辩称当时申请人阴道流血，不利于宫腔镜手术，仲裁庭认为，关于在患者阴道流血的条件下是否可以进行宫腔镜手术的问题，诊疗规范中没有明确的规定，在临床中也存在不同的做法，一种观点认为不能做手术，而另一种观点则认为可以做手术，理由是只有将"病灶"清除才能使子宫不再出血，临床中也不乏成功的案例。仲裁庭注意到，本案中，申请人在 2012 年 8 月 6 日检查时，无阴道出血，此时已具备行宫腔镜手术的条件，而被申请人既未给申请人实施宫腔镜手术，也未将申请人转到上级有宫腔镜的医院进行治疗，延长了申请人的治疗时间，其存在转诊不及时的不足。

（8）L1 某诉 L 医院案（有过错）

2011 年 11 月 14 日，申请人因"右肘部肿物一年余，加重并疼痛一周"，前往被申请人骨一科就诊，并于 2011 年 11 月 15 日入住被申请人骨一科，其病历记载的入院诊断情况（摘要）如下："……右肘部无明显肿胀及畸形，右肘部前臂上段内侧扪及一肿物凸起，基底呈圆形，直径约5 cm，质中，轻度压痛，肿物活动度差、表面光滑，未扪及结节感，与表面皮肤无相连，局部皮肤颜色正常，无明显发热，无毛发异常生长，可见静脉曲张，右肘关节屈伸活动无明显受限，右前臂肌力正常，末梢血运良好。外院彩超结果显示'右前臂肘关节桡侧肌下方低回声包块'，我院MRI检查结果显示'右侧肘关节前部肱肌与肱桡肌之间占位病变，考虑黏液瘤或纤维组织肿瘤'"，被申请人建议采取手术治疗。

2011年11月17日，被申请人在臂丛神经麻醉下为申请人行"右肘肿物切除术"，手术记录记载"于右肘前作纵切口，长约4 cm，切开皮肤、皮下及深筋膜，于前臂屈肌桡侧间隙进入，显露正中神经，见位于神经背面有一3cm×2cm×2cm左右肿物，实性，包膜完整并与神经小纤维有相连，仔细分离，将肿物完整剥下送病理活检，术中冰冻报告为神经鞘膜瘤。"

2011年11月19日病历记载"……患者诉右手拇指及食指末节屈曲无力，考虑为肿块对正中神经影响的缘故，给予口服弥可保及维生素B1加强神经营养，医嘱：注意观察生命体征变化"。2011年11月20日病历记载"……右手拇指及食指末节关节屈曲无力伴指腹皮肤感觉减弱"。申请人于2011年11月22日办理出院手续，被申请人出具的出院证中的医嘱建议申请人休息一个月。

申请人出院后，因右肘部正中神经损伤先后到深圳市人民医院、北京大学深圳医院等医院进行治疗，2011年12月26日，深圳市人民医院出具的病假意见书建议其休息10天，同日，北京大学深圳医院出具的门诊病假证明书建议其全休30天。

2013年3月7日，双方当事人共同委托了广东南天司法鉴定所对被申请人的治疗行为是否存在过错进行法医学司法鉴定，该司法鉴定所于2013年4月5日作出《法医学司法鉴定意见书》（粤南〔2013〕临鉴字第20376号），其在"分析说明"中指出"神经鞘膜瘤是指由分化的肿瘤性雪旺氏细胞构成的包膜完整的实性肿瘤，其生长缓慢并存局限性，可出现于各周围神经，多见于颈部及四肢神经，是沿神经干缓慢生长的包膜完整的椭圆形或梭形良性肿瘤，肿瘤生长可导致局部或其附近肢体酸胀和不同程度疼痛，并可向受累神经支配区放射，MRI、CT、B超检查多有其特征性表现，可以辅助明确肿物来源、大小及其与周围组织的关系，手术切除时应尽可能避免损伤神经或误切而导致神经干损伤。神经鞘膜瘤生长特点是神经穿入瘤外包膜，其包膜亦成为该神经鞘的一部分，瘤体紧附在神经纤维上或包绕在神经纤维周围生长，手术切除时易伤及神经纤维造成医源性神经损伤，手术时要充分暴露神经与肿块，防止手术中过度牵拉或误伤，小心分离神经，将肿块完整摘除。而纤维瘤是由分化良好的皮下结缔组织构成，多见于40~50岁人群，瘤体生长缓慢，属于良性肿瘤。主要临床表现为肿瘤生长缓慢，一般无其他症状，肿瘤表面皮肤正常，可触知皮下光滑活动之圆形肿物，无压痛，境界清楚，质地硬，治疗原则为手术切除。"

鉴定所分析被鉴定人的治疗过程后，给出如下意见。

①医方根据患者的临床表现，结合病史、MRI检查结果提出"右肘部肿物性质待查"可以理解，但在术前医方仅考虑到黏液瘤或纤维组织肿瘤，鉴别诊断时也仅以恶性肿瘤、结核、脂肪瘤的标准进行鉴别诊断，在术前谈话中仅考虑到纤维组织肿瘤，可见医方在术前对可能存在神经鞘膜瘤的认识不足。

②在术中医生发现肿瘤为神经上发出并与正中神经纤维相连、冰冻报告为神经鞘膜瘤时，未及时告知患者病情与术前判断有所不同，据此认为医方未尽到告知义务。

③术后患者出现右拇、食指麻木，屈伸障碍时，医方予活血消肿、营养神经治疗符合医疗规范。

④患者术后出现右正中神经不完全性损伤症状，一直未能痊愈，考虑为医方在手术过程中剥离肿物时对神经纤维的过度牵拉或损伤所致，据此认为医方在术中未尽到充分注意义务，存在过错。

（9）W2某诉R2医院案（有过错）

2011年9月15日，患者因交通事故受伤先至深圳市坂田医院急诊科就诊，当日被转送至被申请人处住院治疗，诊断为"骨盆粉碎性骨折、右髋臼粉碎骨折伴髋关节中心性脱位、全身多处皮肤烫伤及颅脑外伤"。2011年9月27日，被申请人对患者进行了全麻"切开复位钢板内固定术"，术后患者住院接受治疗。2011年10月15日早晨7时50分许，患者出现烦躁、呼吸困难，经抢救无效死亡，死亡诊断为突发急性大面积肺栓塞。

经被申请人申请，深圳仲裁委员会委托广东南天司法鉴定所对被申请人在患者的诊疗过程中是否存在医疗过错、过错与损害后果之间的因果关系及过错参与度进行鉴定，该司法鉴定所于2013年4月23日出具《法医学司法鉴定意见书》（粤南〔2013〕临证字第27号），该鉴定意见书认为患者在被申请人处住院接受治疗期间，被申请人对患者病情的诊断及前期的治疗处理正确。但患者创伤重，感染症状明显，属于深静脉血栓栓塞症的高危患者，本身存在术后发生肺栓塞的客观条件。纵观院方治疗的全过程，术后对病情观察不细，也没有按照常规进行及时的抗凝治疗（直至术后第五天会诊考虑肺栓塞后才进行抗凝治疗），在患者有明确滤网置入指征时未予置入，据此认为，院方未尽到谨慎的注意义务和风险的预见义务，在对患者的诊疗过程中存在过错。

（10）W4某诉F医院案（有过错）

申请人因腰痛于被申请人处就诊，被申请人于2010年6月9日制作的入院记录如下，"入院时间：2010年6月9日12：00；记录时间：2010年6月9日18：00；主诉：腰痛五年，加重伴向右下肢放射3天。现病史：患者于5年前无明显诱因出现间歇性腰部疼痛，腰部活动稍受限，当时未予特殊治疗。其间多次出现劳累后右下肢麻木感。3天前活动后再次出现腰痛，较前较重，并向右下肢放射，伴腰部活动受限。行'拔火罐'治疗无明显好转，现为进一步治疗到我院就诊，拟'腰椎间盘突出症'收在我科，患者起病以来无头痛、头晕，无恶心、呕吐等。肛门及外生殖器：未见异常。神经系统：四肢肌张力、肌力正常，生理反射存在，病理反射未引出，脑膜刺激征（-）。L4、L5、S1棘突右侧压痛，右腿直腿抬高试验40度（+），右坐骨神经行程有压痛，右小腿外侧及足背感觉减弱。右下肢感觉、血运正常，双膝反射及双跟腱反射正常、对称，双拇趾背伸右侧较弱等"。2010年6月11日，入院记录空白部分记载最后诊断为L4/L5腰椎间盘突出症。

被申请人于2010年6月9日制作的首次护理记录单（外科）载明"申请人入院时四肢活动自如，自理能力为完全自理，腰部疼痛，L4、L5、S1

棘突右侧压痛，右坐骨神经行程有压痛"。

被申请人于 2010 年 6 月 9 日制作的临时 CT 检查报告书载明"L5/S1 椎间盘膨出，L3/L4、L4/L5 椎间盘突出，腰椎骨质增生"。

被申请人于 2010 年 6 月 10 日制作的 DR 检查报告书载明"腰椎轻度骨质增生"。

被申请人于 2010 年 6 月 12 日制作的 MR 检查报告书载明"L3/L4、L5/S1 椎间盘不同程度后突伴 L4/L5 水平右侧侧隐窝轻度狭窄，腰椎退行性改变"。

申请人及被申请人相关医师于 2010 年 6 月 12 日签署手术同意书，该同意书记载内容如下，"术前诊断：L4/L5 椎间盘突出；拟定手术方式：L4/L5 椎间盘摘除术；拟定手术日期：2010 年 6 月 13 日；手术医师：韩某某、马某某"。手术同意书中所列可能出现的意外和并发症内容如下，"术中可能会损伤神经、血管及邻近器官；术中可能因病情需要而临时更改手术方案；因病程较长，神经根可能已变性或与周围组织粘连，致术后症状不能完全缓解，甚或进一步加重致部分肌肉瘫痪，以至须二次手术治疗；神经根或马尾受压较严重，神经功能已受损；手术刺激，可能导致肢体感觉、运动障碍或肛门、膀胱括约肌功能障碍或性功能障碍在术后暂时有所加重。椎管内血肿可能压迫神经根或马尾导致症状加重，并须二次手术治疗"。

被申请人于 2010 年 6 月 12 日 12 时 50 分制作的手术护理记录单载明"术前诊断：L4/L5 椎间盘髓核摘除；手术名称：椎间盘镜下髓核摘除；手术开始时间：9：20；术毕时间：12：45；离室时间：12：50；手术医生：某某某；巡回护士：某某某、某某"。

被申请人于 2010 年 6 月 13 日 20 时 20 分制作的手术记录载明"手术日期：2010 年 6 月 13 日；开始时间：9：40；结束时间：12：30；术前诊断：腰 4~5 椎间盘突出症；术中诊断：腰 4~5 椎间盘突出症；手术名称：后路椎间盘镜下髓核摘除术 + 开放髓核摘除术；手术者：某某某；助手：某某某、某某；手术护士：某某某；巡回护士：某某某；切口部位：腰 4~5 椎间盘后正中切口。手术经过：显露腰 4~5 椎间隙；剥除黄韧带，但显露较难，遂行开放性髓核摘除术。咬除 L4 右侧椎板，沿硬脊膜外侧剥离，显露

L5右侧神经根。见神经根与髓核组织粘连严重,仔细分离、保护神经根,出现硬脊膜撕裂约0.2 cm,予压迫填塞,牵开保护神经根及硬膜,尖刀片十字切开纤维环,用髓核钳清除髓核组织约2 g,作神经根粘连松解,松解后见神经根松弛无受压。病理所见:术中见腰4~5椎间盘向右后方突出,压迫硬膜囊和左侧神经根,硬脊膜与椎间盘粘连明显,腰4~5间隙黄韧带增厚。"

被申请人于2010月6月13日、14日制作的手术前后护理访视记录载明"拟施手术:椎间盘镜下髓核摘除;术前四肢活动自如,术后精神状况、体温、伤口愈合、输液部位均正常,无皮肤破损灼伤,对术中体位感受非常舒适,对手术室工作评价为很满意,对术前访视态度为欢迎。"

被申请人于2010年7月5日制作的超声诊断报告单载明"右腰部包块处超声扫查,可见两个大小分别约25 mm×7 mm×11 mm及18 mm×3 mm的肿块图像,提示为右腰部以囊性为主的混合性占位病变,性质待查。"

被申请人于2010年7月7日制作的出院记录载明"诊疗经过:入院后完善相关检查,在硬膜外麻醉下行椎间盘镜下髓核取出术+开放髓核摘除术,术程顺利。"某某某医师在该出院记录上签字确认。

被申请人于2011年2月11日制作的影像科MR检查报告书载明"L3/L4、L5/S1椎间盘不同程度右后突伴L3/L4、L4/L5水平椎管狭窄,L4椎体右侧椎板局部缺如呈术后改变,相应硬脊膜囊膨出伴局部马尾轻度粘连牵拉,腰椎退行性改变。"

2011年2月14日,被申请人出具门诊疾病证明书,诊断申请人为腰椎间盘突出症术后马尾神经粘连,建议其避免久坐、驾驶机动车并住院治疗。

2011年2月21日,申请人与被申请人代表在被申请人医务处封存申请人住院病历复印件,封存件由被申请人保管。双方签署了封存笔录。

申请人于2011年2月16日、24日在深圳市北京大学深圳医院就诊,门诊病历记载"诊断腰椎间盘突出症术后马尾神经综合征,右腰5神经根功能不全,右臀下肢肌萎缩,肌力下降,右L1以下触觉下降,右下肢肌电图神经源性(根性)损害。"

申请人于2011年3月16日、17日在中山大学附属第一医院就诊的门诊病历载明"右下肢肌张力略低，右小腿较左小腿细 5 cm，右腓神经轻度轴索损害、右胫神经轻至中度混合性损害；L4～S3 根性损害；腰椎间盘摘除术后，右侧肌肉萎缩，腓肠肌力弱，臀部麻木，MRI 未见明显压迫。"该医院于 3 月 16 日出具神经电生理室肌电图检测报告，提示"①左胫神经、腓神经、右股神经传导速度正常，右坐骨神经轻至中度损害（右腓神经轻度轴索损害，右胫神经轻至中度混合性损害）。②右股直肌肌电图未见明显异常，右股二头肌、臀大肌、胫前肌、腓肠肌肌电图神经性损害（L4～S3 根性损害）。"

2011 年 6 月 17 日，申请人在深圳市人民医院肛肠外科就诊的病历载明"肛门周围感觉下降，原因待查。"

2011 年 6 月 19、21、28～29 日申请人在深圳市人民医院泌尿外科就诊病历载明"主述性功能下降、阴茎勃起困难。"2011 年 6 月 29 日，深圳市人民医院夜间阴茎记录分析报告单载明"阴茎勃起硬度不足。报告医生建议为结合病史，考虑改物理治疗，继续椎间盘术后的检查治疗。"

申请人与被申请人于本案立案前已共同委托深圳市医学会对本案进行医疗损害技术鉴定，并获受理。2011 年 7 月 12 日，深圳市医学会出具医疗损害技术鉴定书。该鉴定书的鉴定结论如下。

①申请人在接受被申请人的诊疗过程中，存在右下肢部分功能障碍和肛周皮肤感觉减退的医疗损害。比照《交通伤残等级鉴定标准》（4.10.1a 和附则 5.1.A10a）的综合评定，目前申请人右下肢部分功能障碍和肛周皮肤感觉减退的医疗损害的器质性病变和/或功能性病变相当于十级伤残。

②被申请人存在"对申请人实施椎间盘髓核摘除手术中因神经粘连，分离时发生硬膜破裂，造成脑脊液外漏，导致术后右侧腰 5 神经根和部分马尾神经粘连"的医疗过错。

（11）D 某诉 Z 医院案（有过错）

患者于 2012 年 5 月 5 日因腹疼并出现呕吐到被申请人急诊科就诊。被申请人通过对患者进行腹部 B 超阑尾检查，诊断为急性化脓性阑尾炎。被申请人安排患者在当日进行了手术，患者于 2012 年 5 月 11 日办理了出院手续。

患者出院后感觉腹部不舒服并伴有呕吐现象，于 2012 年 5 月 22 日再次在被申请人处办理了住院手续。被申请人医生安排患者做了胃镜和 CT 检查，检查结果显示"胆囊结石，右肾多发结石，结肠肝曲管壁增厚，近端明显扩张"，之后安排患者做了肠镜检查，镜检诊断为"肝曲占位性病变（参考病理）并狭窄"。2012 年 6 月 5 日，被申请人诊断意见为"结肠肝曲管状绒毛腺瘤"。被申请人医生建议患者转院治疗。患者于 2012 年 6 月 25 日到深圳市人民医院住院治疗，该院诊断为横结肠肝曲癌，并进行了肠癌手术。患者于 2013 年 12 月 19 日因病医治无效死亡。

广东众合司法鉴定所于 2013 年 12 月 13 日出具一份法医临床鉴定书证审查意见书，审查意见如下。

①被申请人对患者的治疗过程符合诊疗规范；

②患者在初次就诊时以急性阑尾炎症状为主；

③被申请人在诊疗过程中不存在误诊误治行为；

④被申请人在诊疗过程中存在一定的过错，其医疗过错的参与度建议为 5%～10%。

仲裁庭认为，患者患急性化脓性阑尾炎、胆囊结石、右肾结石、右侧结肠肝曲管状绒毛腺瘤癌变等多种疾病，可能会掩盖其中一种疾病的症状与体征，因此，临床医生在诊断过程中要有丰富的鉴别诊断经验。被申请人在患者"右侧腹部疼痛"，并患有急性化脓性阑尾炎与胆囊结石、右肾结石、右侧结肠肝曲管状绒毛腺瘤癌变等多种疾病的情况下，其诊断治疗过程存在经验不足、鉴别诊断不细致等过失，因此，被申请人在对患者"右侧腹部疼痛"的诊断行为中没有完全履行应尽的注意义务，存在一定的医疗过错。

根据上述法医临床鉴定书证审查意见书的分析说明，被申请人的过错主要体现在对患者"右侧腹部疼痛"的诊断行为中没有完全履行应尽的注意义务，没有及时诊断出患者患有右侧结肠肝曲管状绒毛腺瘤，在一定程度上延误了治疗时间。但患者在初次就诊时以急性阑尾炎症状为主，被申请人为患者诊疗急性阑尾炎的行为符合诊疗规范，不存在误诊误治。因此，被申请人为患者诊疗急性阑尾炎的行为不存在过错。

被申请人于 2012 年 6 月 5 日诊断出患者患有结肠肝曲管状绒毛腺瘤，与深圳市人民医院的诊断意见一致，被申请人的诊断过程符合诊疗规范，不存在误诊行为。因此，被申请人为患者诊断结肠肝曲管状绒毛腺瘤的过程也不存在过错。

患者于 2012 年 6 月 25 日到深圳市人民医院住院治疗，并进行了肠癌手术。患者与深圳市人民医院之间产生了医疗服务的法律关系，患者与深圳市人民医院之间产生的权利义务关系与被申请人的诊疗行为无关，被申请人对深圳市人民医院的诊疗行为不应承担过错责任。

（12）W1 某诉 R1 医院案（有过错）

申请人于 2012 年 2 月 6 日经 B 超检查确定怀孕后，于 2012 年 4 月 12 日在被申请人处建立母子保健手册，被申请人在申请人孕期初次产前检查记录中记载"此次妊娠第一次 B 超检查时间为 2012 年 2 月 6 日。末次月经时间为 2012 年 1 月 6 日，预产期为 2012 年 10 月 13 日。既往体健，无家族遗传病史，孕期无用药，未接触物理性有害物质。一般检查：Bp98/65 mmHg，身高 162 cm，体重 54 kg，心肺腹、四肢（-）。妇科检查：子宫体脐上三指：137 次/分，骨盆测量：23 cm-25 cm-19 cm-19 cm。血常规：HB 127 g/L，WBC 10.2×10^9/L。2 月 24 日 B 超示：不全纵隔子宫，左侧宫腔正中 20 mm×10 mm，首次高危评分为 5 分 A 级，高危因素：不全纵隔子宫。诊断：宫内妊娠 13+5 周"。

申请人从 2012 年 4 月 26 日开始在被申请人处进行孕检，被申请人在其复查记录中记载如下。

"4 月 26 日复查记录：体重 54 kg，血压 106/71 mmHg。

6 月 19 日复查记录：胎方位 LOT，胎心 146 次/分，先露不清，无症状，检查血常规，OGTT 正常，高危评分 0 分。

6 月 19 日复查记录：彩超检查报告：BPD61 mm，FL41 mm，AFV64 mm，孕 23 周+，不全纵隔子宫。

7 月 17 日复查记录：胎位 LOT，胎心 149 次/分，先露不清，OGTT 正常，抗 A、抗 B 效价测定 1∶512，高危评分 0 分。

8 月 17 日复查记录：胎位 LOT，胎心 142 次/分，先露 H，高危评分 0

分。B超：AFI 204cm，提示羊水偏多，建议产前诊断。

8月31日复查记录：胎位ROA，胎心144次/分，先露H，NST（+），抗A、抗B效价测定1∶512，高危评分5分A级。B超示：BPD91 mm，HC 318 mm，AC310 mm，FL65 mm，A/B 2.6，羊水指数207cm，羊水量较多。

9月14日复查记录：胎位ROA，胎心137次/分，先露H，NST（+），高危评分5分A级。B超：羊水指数204 mm，A/B 2.4。

9月21日复查记录：胎位ROA，胎心142次/分，先露H，尿白尿0.15。查血尿常规，肝肾功能，高危评分5分A级。"

2012年9月28日，申请人以"胎动消失一天"为由到被申请人医院检查，被申请人经B超检查发现胎儿在宫内死亡，遂收治申请人入院，被申请人在复查记录中记载："自述胎动消失一天，今日B超提示胎死宫内，收入院。"2012年9月29日，被申请人在B超引导下为申请人行羊膜腔注射利凡诺引产术，申请人于2012年9月30日顺娩一死婴，检查胎盘胎膜完整。申请人产后3天复查超声提示"子宫左侧43 mm×16 mm异常，2012年10月3日，被申请人为申请人行清宫术，申请人于2012年10月3日出院。被申请人在申请人的出院记录中记载："患者因停经37+6周，发现胎动消失1天，于2012年9月28日入院。孕妇平时月经周期规律。停经30余天，验尿HCG（+），早孕彩超提示不全纵隔子宫，停经4个月感胎动至今，孕13周+于我院建册，孕期于我院定期产检，OGTT、唐筛、地贫、TORCH检查均未提示异常，中孕彩超筛查未见异常，无尿蛋白及高血压，孕晚期无头晕、眼花、心慌等病史，1月前我院彩超提示羊水指数204 mm，羊水过多。1天前发现胎动消失，今日我院产检彩超提示胎死宫内。于2012年9月29日在B超引导下行羊膜腔注射利凡诺引产术，于9月30日顺娩一死婴，检查胎盘胎膜完整。产后3天复查超声提示子宫左侧43 mm×16 mm异常，于10月3日行清宫术，于2012年10月3日出院。出院诊断：1.孕2产1宫内孕37+6周，单胎已死；2.死胎；3.不全纵隔子宫；4.绒毛膜羊膜炎。"

案件审理中，仲裁庭委托了广东南天司法鉴定所对被申请人的诊疗行为进行医疗过错鉴定，该司法鉴定所出具了《司法鉴定意见书》（粤南

〔2013〕临证字第 82 号），该司法鉴定意见书分析认为：

（一）医方在孕期产检过程中对孕妇（即申请人——仲裁庭注，下同）高危妊娠评分不准确。

1. 孕妇首次产检时，B 超提示不全纵隔子宫，是产道（软骨）畸形，属高危妊娠评分标准中基本情况产道畸形，应评 B 级 10 分，而非 A 级 5 分。

2. 在孕期进展到孕 27 周＋时，孕妇为 O 型血，于 7 月 17 日查抗 A、B 效价测定 BGA，BGA 均为 1∶512，医方予中药治疗，8 月 31 日复查抗 A、B 效价 BGA，仍为 1∶512，远远高于 ABO 溶血症 1∶64 标准，按照高危妊娠评分标准，此时高危评分为 5 分 A 级，总的高危评分总分应为 15 分 B 级，而医方总评分才 5 分 A 级。

3. 孕期进展到 32 周＋时，8 月 17 日 B 超提示羊水量偏多，羊水指数 AFI 为 204 mm；孕 34 周＋时，于 8 月 31 日复查 B 超提示羊水较多，AFV 为 96 mm，羊水指数 AFI 为 207 mm，9 月 14 日孕 36 周＋时再次复查 B 超，提示羊水量偏多，羊水指数 AFI 为 204 mm。

根据全国高等学校教材《妇产科学》记载，羊水过多是指妊娠期间羊水量超过 2000 ml。B 超羊水最大暗区垂直高度 AFV 大于 70 mm，羊水指数 AFI 大于 180 mm（国内资料），羊水指数 AFI 大于 200 mm（国外资料），诊断为羊水过多。

按照高危妊娠评分标准，羊水量异常、羊水过多应评 5 分 A 级，羊水过多伴症状评分应为 10 分 B 级。

此孕妇从 8 月 17 日到 9 月 14 日，孕期从 32 周＋到 36 周＋，经过近 1 个月胎儿生长加上羊水过多，出现腹胀等症状，应评 10 分 B 级，加上原先的高危评分 15 分 B 级，总分应评为 25 分 B 级，而医方评分总分才 5 分 A 级。

据此可见医方对高危妊娠的评分和记录不规范，对高危因素认识不足，对孕妇存在的高危因素未予足够重视，未尽到应尽的注意义务，存在过错。

（二）对高危妊娠孕妇的观察和处理不到位

羊水过多发生率为 0.5%～1%，引起羊水过多的原因很多，主要与胎儿畸形，多胎妊娠，胎盘脐带病变，母儿血型不合，孕妇患糖尿病、高血压、急性病毒性肝炎、重度贫血等有关。B超是诊断羊水过多最重要的辅助检查方法。羊水过多对胎儿的影响是导致胎位异常增多，破膜时羊水流出可引起脐带脱垂，胎儿窘迫及早产，围产儿死亡率是正常妊娠的7倍。羊水过多合并正常胎儿的处理：对孕周小于37周，胎肺不成熟者，应尽量延长孕周，自觉症状轻时应注意休息，低钠饮食，必要时予镇静剂，每周复查B超了解羊水指数及胎儿生长情况，自觉症状严重时应经腹羊膜腔穿刺放羊水缓解压迫症状。妊娠足月或自然临产，可行人工破膜，终止妊娠。

此案孕妇在孕32周、34周时B超提示羊水量偏多，9月14日孕36周时B超仍提示羊水量偏多，羊水指数AFI为204 mm，双顶径92 mm，头围324 mm，腹围323 mm，股骨长70 mm。此时已孕达36周+，结合羊水过多，母子血型不合，不全纵隔子宫等多种高危因素，高危评分达25分B级，医生应高度重视该高危产妇，收入院待产，即使暂时不建议入院，也应缩短复诊时间，并嘱病人自数胎动，发现胎动减少或自觉不适时应及时就诊，而医方却仍按非高危妊娠的复诊时间预约7天后复诊，且无任何注意事项的告知，致病人按预约时间于9月28日复诊时胎儿已宫内死亡。据此认为医方对高危妊娠孕妇重视不够，未尽到谨慎注意义务、告知义务，存在过错。

（三）胎死宫内的原因很多，此案死婴未做尸检，具体死亡原因不明。但此孕妇存在的每一种高危因素（母子血型不合，羊水过多，产道畸形以及不全纵隔子宫），均有可能导致胎死宫内；此外，宫腔粘连带也有可能造成胎儿宫内缺血缺氧，胎死宫内；分娩时胎盘病检提示绒毛膜羊膜炎，不排除宫内感染导致胎死宫内。但由于医方在孕中晚期对孕妇的高危因素重视不够，监测不到位，未尽到谨慎注意义务及告知义务致孕妇胎死腹内才住院。据此分析，认为医方存在的过错在高危孕妇胎死宫内的损害后果中为轻微因素，过错比例为1%~20%。

（四）审查意见

被申请人在对申请人的诊治过程中存在过错，其过错在申请人胎儿死亡的损害后果中属轻微因素，过错比例为 1% ~ 20%。

仲裁庭认为，经仲裁庭委托，广东南天司法鉴定所就被申请人是否存在医疗过错、医疗过错与申请人所诉腹中胎儿死亡的损害后果之间的因果关系和过错参与度等事项进行鉴定，该司法鉴定机构出具了司法鉴定意见书，对被申请人的诊疗行为进行了全面、具体的分析，指出了被申请人的不足，对过错责任进行了判定。仲裁庭同时认为，鉴定结论属民事证据的一种，参照最高人民法院《关于民事诉讼证据的若干规定》第七十一条的规定，仲裁庭委托鉴定部门做出的鉴定结论，当事人没有足以反驳的相反证据和理由的，可以认定其证明力。在无其他反证的前提之下，司法鉴定意见书应作为本案医方责任认定和损失赔偿的定案依据。申请人虽对上述鉴定结论提出异议，但无反证予以支持。

3. 病历制作过错

医疗文书是指医务人员撰写的与医疗执业相关的旨在反映医疗行为的过程、内容的法律性档案文件。其中最主要的是病历，此外还包括医疗证明、检验报告、辅助检查报告、科室工作记录本、处方及药房记录等。一些医院不重视医疗文书的法律性质，存在书写不符合规范，甚至更改、撕毁医疗文书等情形，根据《中华人民共和国侵权责任法》（以下简称《侵权责任法》）的规定须按照过错推定原则承担责任。

（1）W6 某诉 Y 医院案

在该案中，仲裁庭认为，被申请人对患儿的诊断及扁桃体查体记录存在多处矛盾。被申请人 2014 年 5 月 12 日 14：30 的门诊诊断为"急性扁桃体炎"，2014 年 5 月 13 日 10：08 以"急性化脓性扁桃体炎"将患儿收入院，而入院后诊断为"急性上呼吸道感染"，2014 年 5 月 12 日 14：30 的门诊记录为"双侧扁桃体I度肿大"，2014 年 5 月 13 日 11：00 的入院记录及首次病程记录为"双侧扁桃体无肿大"，2014 年 5 月 13 日 23：00 的病程记录为"双侧扁桃体I度肿大"，2014 年 5 月 14 日 5：40 的抢救记录为"双侧扁桃体无肿大"，这些诊断和查体记录存在明显矛盾，值得注意的是病人入院后三次扁桃体查体记录均系同一医生所做，可见被申请人做出诊断和书写病历随意、前后矛盾，违背了病历书写应客观、真实、准确的基本要求。

（2）Y4 某诉 S 医院案

在该案中，被申请人所书写的病历存在瑕疵，首先，在时间顺序上有"倒记"现象，如记录到 17：30 后，又出现了 16：40 和 17：00 的内容，可见，该记录不是自然形成的；其次，被申请人有涂改、刀刮病历的行为。卫生部《病历书写基本规范》第七条规定："病历书写过程中出现错字时，应当用双线划在错字上，保留原记录清楚、可辨，并注明修改时间，修改人签名。不得采用刮、粘、涂等方法掩盖或去除原来的字迹。"仲裁庭认为，被申请人涂改病历的行为，违反了国家卫生行政管理机关的规定，降低了病历的证明力，使鉴定机构无法依据该病历进行医疗过错责任鉴定。鉴于申请人对该病历第 2、3、4 页的内容不认可，因此，仲裁庭对病历的第 2、3、4 页的内容不予采信。同时，仲裁庭还注意到，被申请人在抢救患者时制作了急诊抢救单，该抢救单记录了被申请人实施抢救的具体情况，申请人没有证据否认其真实性，因此，仲裁庭只能依据该急诊抢救单来判定被申请人的抢救行为是否符合诊疗规范。

（3）Y3 某诉 P 医院案

在该案中，申请人对被申请人制作的病历的真实性提出质疑，称经治医生无视国家法律、法规及行业医疗规范，采取伪造、篡改或者销毁病历资料的手段掩盖医疗过错的事实，同时，该病历缺少第 5、6 页，且申请人已对部分药品的费用进行了缴纳，但没有看到这些药品的处方，被申请人的医生也没有在病历中记载，因此，申请人认为被申请人医生违反了《中华人民共和国执业医师法》及《医疗机构病历管理规定》的相关规定，依法应承担全部责任。仲裁庭当庭播放了申请人提交的被申请人医院的监控视频，显示被申请人医生有撕毁病历页的动作，同时，申请人提交的门诊费用清单显示，患者曾于 2014 年 9 月 10 日 23 时 32 分向被申请人缴纳"0.9％氯化钠注射液"和"间苯三酚粉针"药物门诊费用共计人民币 90.40 元，被申请人医生没有在病历中予以记载。庭后，被申请人在仲裁庭规定的期限内提交了"0.9％氯化钠注射液"和"间苯三酚粉针"药物的处方。针对上述疑问，被申请人当庭承认其医生撕毁的是病历第 3 页的粘贴页，称,为了保证病历书写质量,医务人员有权对与自身工作记录有关的病历资料进行修改,上一级医务人员也有权对其分管的下一级医务人员书写的病历资料进行修改,因此在规定时间内或病历封存前修改以及重写、重抄病历都是符合病历书写规范的。

仲裁庭认为,虽然病历书写不规范并不会必然导致诊疗行为的错误,但病历资料是记录医疗活动信息的主要载体,是对患者疾病发生、发展、诊断、治疗、转归等情况的原始记录,也是查明医疗争议事实和做出法律判断的重要依据,它应当客观、真实、准确、及时、完整、规范地记录医疗机构的诊疗过程。即使病历需要修改,也要按照规范进行,《病历书写基本规范》第七条规定:"病历书写过程中出现错字时,应当用双线划在错字上,保留原记录清楚、可辨,并注明修改时间,修改人签名。不得采用刮、粘、涂等方法掩盖或去除原来的字迹。"本案中,被申请人医生将已经完成的病历页撕毁,使仲裁庭无法了解原来病历记载了什么,医生实施了什么诊疗行为,医生撕毁该病历页的理由是什么。另外,病历中没有医生使用"间苯三酚粉针"时的诊断和医嘱,那么,该内容记载在了什么地方?处方粘贴在哪里?可见,被申请人制作的病历的真实性、完整性存在瑕疵,降低了病历的证明力,使被申请人关于自身无过错的辩解失去了证据的支持,因此,仲裁庭不能据此排除被申请人的过错责任。《侵权责任法》第五十八条规定:"患者有损害,因下列情形之一的,推定医疗机构有过错:(一)违反法律、行政法规、规章以及其他有关诊疗规范的规定;(二)隐匿或者拒绝提供与纠纷有关的病历资料;(三)伪造、篡改或者销毁病历资料。"因此,仲裁庭确认,被申请人对患者的诊疗活动存在过错。

需要说明的是,由于《病历书写基本规范》对病历书写有着明确的规定,因此裁判机关会据此进行严格的判断,医方在病历书写方面只要出现不合规的情形,就会被认定存在过错。在"北京大学深圳医院与陈某某医疗损害责任纠纷上诉案"中[①],法院认为,《医院工作制度与人员岗位责任》第四十四条第一款1.4项规定"给药前,注意询问有无过敏史"。《病历书写

[①] (2014)深中法民终字第3267号。

基本规范》第十二条规定"门（急）诊病历首页内容应当包括患者姓名、性别、出生年月日、民族、婚姻状况、职业、工作单位、住址、药物过敏史等项目。门诊手册封面内容应当包括患者姓名、性别、年龄、工作单位或住址、药物过敏史等项目"。可见，诊疗规范已明确要求病历书写中应包括药物过敏史部分，给药前也应"注意询问有无过敏史"，虽然医院询问患者过敏史也未必能得到有效信息，但并不意味着医院可以就此免除给药前询问过敏史的义务。依照《侵权责任法》第五十八条第一款规定，患者损害系因医疗机构"违反法律、行政法规、规章以及其他有关诊疗规范的规定"造成的，推定医疗机构有过错。被告应对原告的损害结果承担赔偿责任。

4. 告知义务存在过错

（1）Y4 某诉 S 医院案

在该案中，仲裁庭还认为被申请人对患者的病情及抢救情况存在与家属沟通、告知不足的过失。《侵权责任法》第五十五条规定"医务人员在诊疗活动中应当向患者说明病情和医疗措施。需要实施手术、特殊检查、特殊治疗的，医务人员应当及时向患者说明医疗风险、替代医疗方案等情况，并取得其书面同意；不宜向患者说明的，应当向患者的近亲属说明，并取得其书面同意。医务人员未尽到前款义务，造成患者损害的，医疗机构应当承担赔偿责任"。仲裁庭认为，当医院采取手术、特殊检查、特殊治疗等措施时，要向患者或患者家属"说明医疗风险、替代医疗方案等情况"，本案中，患者的家属在病历第 5 页已经签字，表示"了解病情，同意转院"，说明被申请人已经向患者家属告知了患者的病情。但当患者病危时，被申请人没有向患者家属下发病危通知书，被申请人因此存在不足。

（2）Q 某等诉 P 医院案

自 2011 年 8 月份开始，第二申请人到被申请人处进行孕检、孕期护理。2011 年 10 月 1 日，被申请人出具的 B 型超声诊断报告单显示为宫内早孕、胚芽存活。在建册日期为 2012 年 1 月 18 日的孕期初次产前检查记录中，记载建册时申请人已孕 23+3 周。申请人黄芳在该孕期初次产前检查记录单的空白处注明："暂时拒查肝肾功、空腹血糖、优生五项、G6PD、地贫、唐氏筛查，后果自负。"2012 年 1 月 18 日，被申请人出具了一份彩色超声诊断报告单，报告单提示"中期妊娠约24周，单活胎，建议产前三级检查"，并注明"仅供临床参考"。2012年4月1日，被申请人出具的彩色超声诊断报告单注明胎儿"四腔心显示欠清"。2012年5月1日，被申请人再次出具彩色超声诊断报告单，仍载明"四腔心显示欠清"。

2012年5月3日，第二申请人因怀孕生产入住被申请人住院部。当日10：38经剖宫诞下一名男性婴儿。11：45该婴儿出现发绀等异常情况，12：40入住儿科并接受抢救，该婴儿经抢救无效于21：36死亡。经第一申请人申请，深圳市龙岗区卫生局委托了中山大学法医鉴定中心对该婴儿的死亡原因进行了司法鉴定，该中心于2012年6月20日作出《司法鉴定意见书》（中大法鉴中心〔2012〕病鉴字第B7246号），其"法医病理学诊断"为：①先天性心脏病（二腔心：单心房、单心室，主动脉及肺动脉开口于同一心室）；②部分肺不张；③脾脏缺如。"鉴定意见"为：婴儿系因患先天性心脏病致急性心功能障碍死亡。

关于被申请人的诊疗行为是否存在过错的问题。申请人称，第二申请人自怀孕伊始，就在被申请人处进行产前检查，被申请人医生在彩超显示"四腔心欠清"的情况下，没有对申请人做出清楚直白的指导，导致申请人不能及时预知风险并做准备，使申请人丧失了决定权，婴儿的死亡不仅给申请人带来了巨大的悲痛，也给申请人造成了无可挽回的损失。仲裁庭注意到，《中华人民共和国母婴保健法》（以下简称《母婴保健法》）第十七条规定，"经产前检查，医师发现或者怀疑胎儿异常的，应当对孕妇进行产前诊断"；第十八条规定，"经产前诊断，有下列情形之一的，医师应当向夫妻双方说明情况，并提出终止妊娠的医学意见：（一）胎儿患严重遗传性疾病的；（二）胎儿有严重缺陷的；（三）因患严重疾病，继续妊娠可能危及孕妇生命或者严重危害孕妇健康的"。可见，《母婴保健法》为母婴医疗保健机构设定了三项法定义务，即发现胎儿异常时的诊断义务、向夫妻双方说明情况的告知义务、提出终止妊娠意见的医学建议义务。同时，与这三项义务相对应的是申请人的知情权、终止妊娠决定的知情选择权。

仲裁庭认为，被申请人作为为申请人提供孕产期保健服务的医疗保健机构，其不具备提供产前诊断和新生儿疾病筛查技术服务的资质，只能从事一级产前检查,被申请人应当将其自身业务范围的局限性及技术水平明确告知申请人,该告知应当是以明示的方式做出。然而,被申请人在孕妇保健告知书中,只介绍了"产前检查能及早发现并预防疾病,保护孕妇健康和胎儿正常发育",并没有证据证明被申请人就自身的局限性向申请人进行了详细的说明。虽然被申请人在2012年1月18日的孕期初次产前检查记录中将"三维彩超"等心脏诊断项目列入需要检查的范围,但申请人可以签字拒绝检查的项目中并未包含"三维彩超",同时,被申请人在2012年1月18日出具的彩色超声诊断报告单中也建议进行产前三级检查,但临床医生未采纳报告单的建议,未告知申请人需做"三级检查"以及说明"三级检查"的含义与必要性。尤其值得注意的是在2012年4月1日及2012年5月1日,被申请人连续两次出具的彩色超声诊断报告单中,均注明胎儿"四腔心显示欠清"。此时,临床医生应预见到胎儿可能存在心脏缺陷,应当指导申请人到有资质的妇幼保健机构做进一步诊断,而被申请人却疏于安排和告知,未尽到充分的说明义务,其行为违反了《母婴保健法》的相关规定,侵害了申请人的知情权,导致有严重缺陷的婴儿不当出生,其行为存在一定的过错,应承担相应的赔偿责任,仲裁庭确定由被申请人向申请人支付精神损害抚慰金人民币50000元、住院伙食补助费人民币350元(50元×7天)、护理费人民币700元(1500元÷30天×7天×2人)、误工费人民币350元(1500元÷30天×7天)、丧葬费人民币32718元(5453元×6个月)。

(3) Z2某诉FZ医院案

在该案中,仲裁庭认为,被申请人与申请人信息沟通不畅,对申请人疾病的治疗、风险及后果告知不足。在医疗过程中,患者与医方经常处于信息不对称的地位,有很多的医患纠纷都是由于医方未尽到充分的告知义务而造成的。《侵权责任法》第五十五条规定:"医务人员在诊疗活动中应当向患者说明病情和医疗措施。需要实施手术、特殊检查、特殊治疗的,医务人员应当及时向患者说明医疗风险、替代医疗方案等情况,并取得其书面同意;不宜向患者说明的,应当向患者的近亲属说明,并取得其书面同意。医务人员未尽到前款义务,造成患者损害的,医疗机构应当承担赔偿责任。"可见,我国以法律的形式确定了医方应向患方尽到法定的告知义务。本案中，被申请人应当详细向申请人说明病情，要从"病理妊娠"的角度向申请人告知手术的可行性及效果，尤其要从申请人已经做过 5 次人工流产术、1 次剖宫产术、形成了瘢痕子宫且胚胎已经停止发育的角度告知申请人高危手术中可能出现的并发症及风险，要将清宫不全时可能采取的治疗措施向申请人进行详细的介绍并取得申请人的理解和配合。而被申请人并没有证据证明其充分履行了该项告知义务。对此，被申请人辩称其已经向申请人进行了说明并在病历中做了记载，仲裁庭注意到，被申请人所书写的病历字迹潦草，连仲裁庭专业人员都难以准确辨认，而申请人就更无法辨认和理解其病历内容了。显然，这与卫生部颁布的《病历书写基本规范》中"病历书写应规范使用医学术语，文字工整，字迹清晰，表述准确，语句通顺，标点正确"之要求不符，因此，被申请人在履行告知义务方面存在过错，应承担相应的民事责任。

5. 医院管理过错

在"Y3 某诉 P 医院案"中，被申请人对医疗管理制度落实不到位。仲裁庭注意到，患者到被申请人处就诊时，其高血压危象的临床表现很明显，而被申请人单位没有严格执行"首诊负责制"与"三级医师负责制"，在患者急腹症病因不明的情况下，在长达 2 个小时的时间内没有及时请上级医生会诊或邀请相关专科医师会诊，病历中缺少上级医师的指导意见。显然，被申请人对上述两项核心制度落实不到位，其行为不符合《深圳市基本医疗管理制度》的相关规定。

6. 医疗产品质量问题

在前述"Z1 某诉 LR 医院案"中，关于被申请人在为申请人取右侧锁定钢板时螺钉滑丝是否对申请人构成损害的问题，经审理查明，由于右侧锁定钢板螺钉滑丝，增加了手术难度，延长了手术时间，申请人被迫中止了取左侧钢板的手术，不得不接受再次手术。仲裁庭认为，钢板螺钉滑丝在该类手术中时有发生，它不是由被申请人的主观意愿决定的，系手术意外，该情形的出现不归责于被申请人，但鉴于被申请人是该手术的实施者和该医疗器械的提供者，因此，被申请人应对该意外事件给申请人造成的痛苦及增加的医疗费用承担补偿责任。

4.2.3.3 医方过错与损害结果的因果关系判断

1. 侵权关系中的因果关系概述

侵权关系中的因果关系指的是违法行为作为原因，损害事实作为后果，它们之间存在的前者引起后者，后者由前者所引起的客观联系。① 因果关系是一个复杂的问题，放到医患纠纷中更加复杂，因为医疗行为具有封闭性和效果的不可预知性，医学本身也存在很多未知领域。损害后果的发生与患者自身的身体因素以及病程的自然发展有很大关系。判断损害后果与医疗行为的关系是一个复杂的考量评价过程，在某种程度上可以说是见仁见智。②

在侵权行为中，会发生"一因一果""一因多果""多因一果""多因多果"等情形，而在医疗侵权行为中多表现为"多因一果"。在大陆法系和英美法系关于侵权行为因果关系的理论趋向统一的情形下，有学者提出目前大体上只要能证明：①医方对损害的事实没有其他的合理解释；②如果医方能够尽到注意义务，这样的损害在通常情况下是不会发生的；③医方有采取救治措施的能力，则可以判定医疗行为和损害结果之间存在法律上的因果关系。③

由于医学的专业性，由患方"一步到位"举证因果关系存在困难，因此实践中多由患方提交相关证据或鉴定意见进行初步举证，再由仲裁庭进行判断。而在举证责任倒置且有证据证明医方存在过错的情形下，则应当由医方就其过错与患者的损害结果之间没有因果关系进行举证。④ 仲裁庭在明确"因""果"存在的前提下，在参考专业技术鉴定意见的同时，结合自身医学和法学知识进行判断。

2. 过错参与度和原因力问题

患方损害结果可能受身体素质、自身调养、接受多家医院甚至非医疗机构诊疗等因素的影响。因此，在"多因一果"或"多因多果"情形下，

---

① 杨立新：《侵权行为法》，法律出版社，2010，第76页。
② 宋儒亮：《医事法学在广东》，法律出版社，2013，第212页。
③ 冯正骏：《医疗损害司法鉴定实务》，浙江工商大学出版社，2015，第607页。
④ 陈志华：《医疗损害责任深度释解与实务指南》，法律出版社，2010，第88页。

医疗活动是由多名医护人员，多个学科的专家，甚至多家医院参与，并需要患方配合的系统工程。① 此时就涉及医疗过错参与度的问题，指的是医方过错行为在患方损害结果中所介入的程度或其作用的大小，即原因力的大小。② 特别是在医患纠纷仲裁案件中，囿于仲裁的相对性，不大可能将所有可能涉及的当事人都纳入仲裁协议中参加仲裁案件审理，因此对于作为仲裁当事人的医方过错参与度的判断就显得非常重要，直接关系到其是否应当承担侵权责任及承担范围。此外，一些鉴定意见会载明医疗行为存在不足或缺陷的字眼，但没有明确表示医方存在过错，因此需要根据医方行为对损害结果的参与度判断其是否应当承担侵权责任。

对于参与度，通常采取概率表示法，概率越高，因果关系越肯定。实践中，根据医疗过失行为在导致损害后果中发生的原因力大小，将医疗过错参与度分为六级，具体如表 11 所示。③

表 11　医疗行为与损害后果因果关系及过错参与度

A 级	损害后果完全由其他因素造成	过错参与度 0
B 级	损害后果绝大部分由其他因素造成	过错参与度 10%
C 级	损害后果主要由其他因素造成，医疗过失行为起次要作用	过错参与度 25%
D 级	损害后果由医疗过失行为和其他因素共同造成	过错参与度 50%
E 级	损害后果主要由医疗过失行为造成，其他因素起次要作用	过错参与度 75%
F 级	损害后果完全由医疗过失行为造成	过错参与度 100%

在判断过错行为与损害后果间原因力的大小时，应当遵循"相当性"原则。有学者认为，判断原因力大小的过程实质上是一个判断是否存在"可能性"的过程。这种"可能性"可以表现为增加了损害发生的概率，也可以表现为减少了损害得以避免的机会。如果把医疗活动中患者发生损害

---

① 余明永：《医疗损害责任研究》，法律出版社，2015，第 28 页。
② 何颂跃：《医疗纠纷与损害赔偿的新释解》，人民法院出版社，2002，第 23 页。
③ 王旭：《医疗过失技术鉴定研究》，中国人民公安大学出版社，2008，第 13 页。

作为一种风险的话，若医方没有过错，则这种损害属于合理风险；若医方的过错可以增加损害发生的概率或者减少损害得以避免的机会，即该过错为损害发生添加了不合理的元素，则可认定该过错医疗行为与损害后果之间存在相当因果关系。

3. 深圳医患纠纷仲裁院因果关系认定实践

在前述"W6某诉Y医院案"中，仲裁庭认为医方的过错与患儿死亡具有一定的因果关系，鉴于患儿手足口病体征不典型，且病情发展变化很快，仲裁庭认定：患儿自身疾病在其死亡后果中为主要因素，被申请人过错在患儿死亡后果中为次要因素，其责任参与度确定为30%。

在前述"Y2某诉L医院案"中，仲裁庭认为医方因为误诊须承担100%的赔偿责任。

在前述"W5某诉Z医院案"中，仲裁庭认为医方的诊断错误行为增加了患方的经济支出，对该部分支出应承担100%的赔偿责任。

在前述"Y3某诉P医院案"中，仲裁庭认为，关于患者的致病因素问题，鉴定报告显示患者"左肾上极肾上腺内肿瘤大小为4.3 cm×3.5 cm"，鉴定结论为患者患有肾上腺嗜铬细胞瘤。嗜铬细胞瘤危象是危及生命的内分泌急症之一，肿瘤释放大量儿茶酚胺入血后，会导致高血压危象、低血压休克及严重心律失常等危重的临床症候群，死亡率很高。从患者肿瘤大小可知，该肿瘤并非短时间内形成，庭审中，申请人也表示患者近些年没有做过身体检查，对是否患有该疾病并不知情，且患者就诊时没有高血压的主述及病历记载，可见，该嗜铬细胞瘤症状在患者身上的前期表现不明显，且患者发病突然，症状危重，而被申请人的诊断是一个渐进的过程，在初诊时不可能迅速做出嗜铬细胞瘤的诊断，因此，患者原发病是其死亡的主要因素。结合前文中被申请人对患者的诊疗过程存在的过错情况，医方应承担70%的责任。

在前述"Z2某诉FZ医院"案中，仲裁庭认为，申请人在到被申请人处就诊前，经历了5次人工流产术、1次剖宫产术，从妇科临床角度而言，其子宫内膜会受损、变薄，而受精卵又多选择没有受损过的位置着床。本案中，申请人受精卵着床位置在子宫右侧宫角处，其着床位置不佳，加之申请人子宫位置为"后倾后屈",增加了手术难度,且胚胎在申请人体内已经停止发育,属病理情形。而被申请人对申请人的特殊情况没有给予足够的重视,在对申请人两次清宫,尤其第二次由具有高级职称的医生进行手术仍造成"清宫不全"的情况下,有理由相信其治疗思路不清晰,未能及时寻找原因及变更治疗方案;在本院不能行宫腔镜手术的情况下未能及时将申请人转到上级医院治疗,延长了治疗时间;自申请人就诊起至本纠纷产生,被申请人没有就申请人的病情、治疗方案、措施及并发症等向申请人进行充分告知,使申请人始终处于不安的状态中,致使其到处求医。因此,申请人的诊疗行为存在不足,依法应承担相应的民事责任。

在前述"Y4某诉S医院案"中,仲裁庭认为,患者来到被申请人处时已经患有严重的心肌炎,发病快、病情危重、急剧恶化是该患者的显著症状,患者的死亡系患者自身疾病急剧恶化造成的,虽然被申请人尽全力进行了抢救,抢救措施并无明显不当,但这并不能否定被申请人存在一定的不足,被申请人对患者病情确诊过程的不足与患者之死亡有一定的关联。基于上述判断并结合本案的实际,综合考虑申请人的仲裁请求,仲裁庭认为被申请人应向申请人一次性支付赔偿金人民币18.5万元。

在前述"Z1某诉LR医院案"中,申请人要求被申请人赔偿其从发生车祸住院之日起至申请仲裁止共计人民币330417.12元的费用,其中包括医疗费、护理费、住院伙食补助费、误工费、残疾赔偿金、被扶养人生活费、营养费、交通费、精神损害抚慰金,仲裁庭认为,申请人所受到的外伤系由交通事故造成的,其治疗外伤而产生的一系列费用,理应由申请人与交通事故肇事人负担,申请人所主张的大部分赔偿项目已经由人民法院在处理交通事故责任纠纷案件时处理完毕,申请人将本应由他人承担的赔偿责任转由被申请人承担的仲裁请求不应得到仲裁庭的支持。如前所述,被申请人在为申请人治疗的过程中存在一定的不足,仲裁庭确定由被申请人赔偿申请人人民币4.3万元为宜。

在前述"L1某诉L医院案"中,鉴定意见认为,由于医方在术前对患者病情未予多方面考虑,对可能存在神经鞘膜瘤的认识不足及手术中未尽到充分注意义务,患者右正中神经受到不完全损伤,出现右手拇指和食指感觉减退，屈曲障碍等症状体征，据此认为医方存在的医疗过错与患者目前的损害后果之间存在一定的因果关系。由于神经鞘膜瘤本身生长的特点，瘤体包膜成为神经鞘的一部分，瘤体紧附在神经纤维上或包绕在神经纤维周围生长，在手术过程中难以分离，易伤及神经纤维，且医方在术前谈话中已告知患者术中可能损伤神经，据此认为医方存在的过错在损害后果中属次要因素，过错比例为21%～40%。患者的伤残等级为十级。仲裁庭认为鉴定报告客观、全面地分析了被申请人治疗的全过程，客观、真实，对该报告意见予以认同。以此鉴定结论作为判断当事人责任的参考，仲裁庭确定被申请人的过错责任比例为40%。

在前述"W2某诉R2医院案"中，司法鉴定意见认为医方过错与患者死亡之间存在一定的因果关系。医方的过错与患者自身的严重病情为同等因素，医方的过错参与度为41%～60%。申请人认可该鉴定意见。被申请人对鉴定意见不予认可并要求重新鉴定，广东南天司法鉴定所对被申请人的异议做了书面回复，仲裁庭对该司法鉴定意见书进行了审查，认为鉴定机构具备合法的鉴定资质，鉴定程序合法，其鉴定内容客观、真实、严谨，仲裁庭对司法鉴定意见书予以采信。根据广东南天司法鉴定所的司法鉴定意见书，被申请人在对患者的治疗过程中存在医疗过错，其过错与患者的死亡具有一定的因果关系，申请人作为患者的直系亲属有权依法向被申请人主张赔偿责任。综合全案情况，仲裁庭确定被申请人对患者的治疗不当导致死亡承担50%的侵权赔偿责任为宜。

在前述"W4某诉F医院案"中，鉴定结论认为医方的过错是导致申请人目前右下肢部分功能性障碍和肛周皮肤感觉减退的损害后果的主要原因，对申请人上述损害后果的因果关系参与度约为60%，被申请人对申请人上述损害后果应当承担主要责任。仲裁庭认定，目前申请人右下肢部分功能性障碍和肛周皮肤感觉减退的医疗损害的器质性病变和/或功能性病变相当于十级伤残；被申请人的医疗过错对申请人损害后果的因果关系参与度约为60%。

在前述"D某诉Z医院案"中，仲裁庭认为被申请人在对患者"右侧腹部疼痛"的诊断行为中没有完全履行应尽的注意义务，没有及时诊断出患者的右侧结肠肝曲管状绒毛腺瘤，在一定程度上延误了治疗时间。根据广东众合司法鉴定所于 2013 年 12 月 13 日出具的法医临床鉴定书证审查意见书，被申请人医疗过错的参与度为 5%～10%。根据过错责任原则，仲裁庭酌情认定被申请人承担 10% 的过错责任。

在前述"W1 某诉 R1 医院案"中，仲裁庭认同该鉴定机构出具的鉴定意见及结论。因此，认定被申请人在对申请人的诊疗过程中存在过失，导致申请人受到损害的后果，被申请人应承担侵权损害赔偿责任。仲裁庭认定被申请人存在的过错对申请人损害后果的因果关系参与度为 20%。

在前述"Q 某诉 P 医院案"中，关于被申请人的诊疗行为是否与申请人的婴儿死亡存在因果关系的问题，仲裁庭查明，申请人的婴儿患有先天性心脏病（二腔心：单心房、单心室，主动脉及肺动脉开口于同一心室）、部分肺不张、脾脏缺如。其因患先天性心脏病致急性心功能障碍死亡。仲裁庭认为，对该责任的判定应结合司法鉴定结论才能做出，但申请人向仲裁庭提出了不鉴定婴儿死因与被申请人诊疗行为之间的因果关系的申请，根据"谁主张，谁举证"的原则，由申请人承担举证不能的法律后果，故仲裁庭对申请人要求被申请人赔偿其婴儿死亡赔偿金人民币 647617.2 元的仲裁请求不予支持。

4.3 侵权责任承担（赔偿种类和标准）

前面已经提到，医患纠纷中的侵权责任承担方式主要为赔偿，包括人身损害赔偿和精神损害赔偿。因为现代社会禁止以支付劳务、人身拘禁等方式赔偿财产损失，也禁止以同态复仇方式赔偿人身损失。因此两种赔偿均以财产赔偿作为唯一方法，不能以其他方法为之。虽然人身损害和精神损害不能以金钱方式计算价格，但是可以财产的方式补偿恢复损害的花费和因为人身损失造成的其他财产损失。[①]

其他损失的理论基础是"机会丧失理论"，是指加害人的行为剥夺了受

---

① 王利明、杨立新：《侵权行为法》，法律出版社，1996，第 328 页。

害人获得利益或避免损害发生的机会时,由加害人对受害人的此种机会丧失承担赔偿责任的学说。其核心内容包括以下几个方面:第一,损害赔偿的客体是"机会丧失"本身,并非受害人遭受的最终损害;第二,受害人无须证明加害行为与最终损害之间的因果关系,只须证明加害行为与机会丧失之间的因果关系;第三,赔偿金的计算须权衡受害人丧失的机会的价值。机会丧失理论主要适用于医疗过失领域:医生过失误诊导致患者原本可以治愈的疾病未能治愈,从而导致患者丧失治愈机会或存活机会。这主要体现在以下两种情形:一是最终损害已经发生,即受害人因治愈机会丧失而遭受了最终损害;二是最终损害尚未发生,即医生的过失只是增加了受害人遭受最终损害的风险,但损害结果尚未发生。[①]

对此赔偿的种类和标准,《民法通则》《侵权责任法》和最高人民法院的司法解释都给出了较为明确的标准。

4.3.1 赔偿种类

侵权法理论认为,人身伤害的赔偿范围包括一般人身损害赔偿、劳动能力丧失的赔偿、致人死亡的赔偿、间接受害人的扶养损害赔偿、抚慰金赔偿等。[②] 目前医患纠纷中有关医方损害赔偿的种类的法律依据主要有《民法通则》第一百一十九条、第一百二十二条,《侵权责任法》第十六、十七、十九、二十二条,以及《最高人民法院关于审理人身损害赔偿案件适用法律若干问题的解释》,具体如下。

4.3.1.1 人身损害赔偿

人身损害赔偿是指自然人的生命权、健康权、身体权受到不法侵害,造成致伤、致残、致死的后果以及其他损害,要求侵权人以财产赔偿等方法进行救济和保护的侵权法律制度。[③]《最高人民法院关于审理人身损害赔偿案件适用法律若干问题的解释》第十七条主要内容如下。

---

① 吕锐:《构建和谐医患关系:法律的冲突与协调——以鄞州法院审理医疗纠纷为样本》,《法律适用》2009 年第 12 期,第 90 页。
② 王利明、杨立新:《侵权行为法》,法律出版社,1996,第 350 页。
③ 韩玉胜:《医患纠纷法律解读》,法律出版社,2015,第 164 页。

1. 一般人身损害赔偿范围

①医疗费：医疗费包括挂号费、检查费、药费、治疗费、康复费等费用。一般根据医疗机构出具的药费、治疗费等收费凭证，结合病历和诊断证明等相关证据确定医疗费的具体数额。根据医疗证明或者鉴定结论确定在将来必然发生的医疗费，可以与已经发生的医疗费一并予以计算和赔偿。① 医疗费赔偿的目的在于对受害人受到的财产损失进行补偿，施行全部赔偿原则。医药治疗费的赔偿，一般应以所在地治疗医院的诊断证明和医药费、住院费的单据为凭。②

②误工费：指赔偿责任人向赔偿权利人支付的从受害人遭受损害到完全治愈能参加正常劳动这一段时间内，因无法从事正常工作或劳动而失去或减少的劳动收入。

③护理费：是指受害人因为受害生活不能自理、需要人进行护理而支付的费用。

④交通费：是指受害人及其必要的陪护人员因就医或者转院治疗所实际发生的用于交通的费用。

⑤住宿费：是指受害人及其必要的陪护人员因就医或者转院治疗所实际发生的用于住宿的费用。

⑥住院伙食补助费：是指受害人遭受人身损害后，因其在医院治疗期间支出的伙食费用超过平时在家的伙食费用，而由加害人就其合理的超出部分予以赔偿的费用。

⑦营养费：是指受害人在遭受损害后，为辅助治疗或使身体尽快康复而购买日常饮食以外的营养品所支出的费用。

2. 因伤致残赔偿

侵权行为导致受害人因伤致残的，除了上述人身损害赔偿外，还要支付因增加受害人生活上需要所支出的必要费用以及因丧失劳动能力导致的收入损失。具体如下。

---

① 王胜明：《中华人民共和国侵权责任法释义》，法律出版社，2010，第301页。
② 《最高人民法院关于贯彻执行〈中华人民共和国民法通则〉若干问题的意见（试行）》第一百四十四条。

①残疾赔偿金：是指对受害人致残前后生活来源差额的赔偿。①

②残疾辅助器具费：是指因伤致残的受害人为补偿其遭受创伤的肢体器官功能、辅助其实现生活自理或者从事生产劳动而购买、配制的生活自助器具所需费用。

③被扶养人生活费：被扶养人是侵权行为虽未直接造成其损害，但因加害人的行为侵害直接受害人的生命权或健康权造成劳动能力丧失，因而导致其扶养请求权间接受到侵害并丧失的受害人。② 被扶养人生活费的赔偿方式存在一次性赔偿与定期赔偿两种。

④康复费：是指对残疾受害人进行康复治疗所需的费用。康复，按照世界卫生组织的界定，是指综合地、协调地应用医学的、教育的、社会的、职业的各种方法，使病、伤、残者已经丧失的功能尽快地、最大可能地得到恢复和重建，使他们在体格上、精神上、社会和经济上的能力得到尽可能的恢复，使他们重新走向生活，重新走向工作岗位，重新走向社会。

⑤护理费：是指受害人因为受害生活不能自理、需要人进行护理而支付的费用。

⑥后续治疗费：是指对经治疗后体征固定而遗留功能障碍的患者进行再次治疗产生的费用。

3. 受害人死亡

侵权行为导致被害人死亡的，除应当根据抢救治疗情况赔偿一般人身损害的相关费用外，还应当赔偿如下费用。

①丧葬费：受害人死亡产生的殡葬费用。

②被扶养人生活费：被扶养人是侵权行为虽未直接造成其损害，但因加害人的行为侵害直接受害人的生命权或健康权造成劳动能力丧失，因而导致其扶养请求权间接受到侵害并丧失的受害人。③ 被扶养人生活费的赔偿方式存在一次性赔偿与定期赔偿两种。

③死亡补偿费以及受害人亲属办理丧葬事宜支出的交通费、住宿费和

---

① 王利明、杨立新：《侵权行为法》，法律出版社，1996，第342页。
② 杨立新：《侵权法论》（第五版），人民法院出版社，2013，第1096页。
③ 杨立新：《侵权法论》（第五版），人民法院出版社，2013，第1096页。

误工损失。

4.3.1.2 精神损害赔偿

精神损害赔偿是民事主体因其人身权益受到不法侵害，使其人格利益或身份利益受到损害或者遭受精神痛苦等无形损害，要求侵权人通过财产形式等赔偿方法进行救济和保护的民事法律制度。①《最高人民法院关于确定民事侵权精神损害赔偿责任若干问题的解释》确立了我国司法中对精神损害赔偿请求的受理和审理标准，当事人因其生命权、健康权、身体权等人格权利遭受非法侵害的，可以起诉请求赔偿精神损害。自然人因侵权行为致死，或者自然人死亡后其人格、遗体遭受侵害，死者的配偶、父母和子女向人民法院起诉请求赔偿精神损害的，列其配偶、父母和子女为原告；没有配偶、父母和子女的，可以由其他近亲属提起诉讼，列其他近亲属为原告。精神损害抚慰金包括以下形式：①致人残疾的，为残疾赔偿金；②致人死亡的，为死亡赔偿金；③其他损害情形的精神抚慰金。精神损害抚慰金的请求权，不得让与或者继承。但赔偿义务人已经以书面方式承诺给予金钱赔偿，或者赔偿权利人已经向人民法院起诉的除外。

对人身损害所造成的精神痛苦的抚慰赔偿，是对物质性人格权损害造成精神痛苦的民事救济手段，保护的对象是民事主体不受精神创伤的权利。从最高人民法院的司法解释可以看出，侵害健康权造成残疾的抚慰金赔偿称之为残疾赔偿金，将侵害生命权造成死亡的抚慰金称之为死亡赔偿金，此外还有其他损害情形的精神抚慰金。

需要说明的是，最高人民法院《关于参照〈医疗事故处理条例〉审理医疗纠纷民事案件的通知》因与《侵权责任法》等法律规定相冲突而被最高人民法院于2013年公布的《关于废止1997年7月1日至2011年12月31日期间发布的部分司法解释和司法解释性质文件（第十批）的决定》废止，因此在不构成医疗事故的医疗纠纷中，患方依据《医疗事故处理条例》第五十条要求医方支付精神损害抚慰金的申请不能得到支持。在"叶某某、何某某、黄某某、叶某某与深圳宝田医院医疗损害责任纠纷案"中②，法院

---

① 杨立新：《侵权法论》（第五版），人民法院出版社，2013，第1142页。
② （2014）深中法民终字第2079号。

就明确表达了这一观点。

4.3.2 赔偿标准

根据民法的一般原理，赔偿要遵循损益相抵规则和原因力规则。前者指受害人基于损失发生的同一原因而获得利益时，应当将利益从损害数额中抵消，加害人仅对抵消后的损失承担赔偿责任。① 后者指在数个原因引起一个损害结果的侵权案件中，各个原因构成共同原因，每一个原因对于损害结果具有不同的作用力。不论共同原因中的每个原因是违法行为还是其他因素，行为人只对自己违法行为所引起的损害承担与其违法行为的原因力相适应的赔偿责任份额。② 对于上述赔偿种类，《最高人民法院关于审理人身损害赔偿案件适用法律若干问题的解释》给出了较为明确的指引。

深圳是一个移民城市，户籍人口与常住非户籍人口一直呈现出倒挂的态势，因此，这里首先要指出前述最高人民法院司法解释的规定：赔偿权利人举证证明其住所地或者经常居住地城镇居民人均可支配收入或者农村居民人均纯收入高于受诉法院所在地标准的，残疾赔偿金或者死亡赔偿金，以及被扶养人生活费可以按照其住所地或者经常居住地的相关标准计算。而根据《深圳市中级人民法院关于审理道路交通事故损害赔偿纠纷案件的指导意见》第十六条第三项的规定，深圳市居住地居民委员会出具证明且有相应房屋租赁证明材料的，可以认定在深圳居住一年以上。申请人仅提供了居民委员会的证明但未提供房屋租赁证明材料，不能证明其在深圳居住一年以上，综上只能按照农村居民计算。在前述"W6 某诉 Y 医院案"中，仲裁庭认为，申请人提请仲裁前已随父母在深圳市生活、学习 1 年以上，应认定深圳市系其经常居住地，本案可以适用 2013 年度深圳市城镇居民人均可支配收入标准计算死亡赔偿金。

另外，基于民事纠纷的意思自治原则，仲裁庭也会尊重当事人对赔偿标准的选择，如在前述"W2 某诉 R2 医院案"中，死者及其直系亲属均系非农业户口，故应当按城镇居民标准计算赔偿数额，申请人庭审中自愿采

---

① 魏振瀛：《民法》，北京大学出版社，2010，第 681 页。
② 杨立新：《医疗损害责任研究》，法律出版社，2009，第 178~179 页。

用广东省 2011 年度人身损害赔偿标准，系对自身民事权利的自由处分，仲裁庭予以准许。

4.3.2.1　医疗费

根据前述最高人民法院的司法解释，医疗费应当根据医疗机构出具的医药费、住院费等收款凭证，结合病历和诊断证明等相关证据确定。赔偿义务人对治疗的必要性和合理性有异议的，应当承担相应的举证责任。医疗费的赔偿数额，按照一审法庭辩论终结前实际发生的数额确定。器官功能恢复训练所必要的康复费、适当的整容费以及其他后续治疗费，赔偿权利人可以待实际发生后另行起诉。但根据医疗证明或者鉴定结论确定必然发生的费用，可以与已经发生的医疗费一并予以赔偿。

这里需要指出的是，在一般的人身损害赔偿案件中，受害人的医疗费应当由加害人支付，而在医患纠纷中，即便在医方有过错的情况下，患方仍应支付医方合理治疗部分产生的费用。在前述"W6 某诉 Y 医院案"中，仲裁庭认为，医疗费系治疗疾病产生，无证据表明被申请人存在过度医疗情形，理应由患方自行承担，但可以结合被申请人过错参与度酌定由其承担部分，最终认定医方承担 30% 的医疗费。

在前述"W5 某诉 Z 医院案"中，申请人要求被申请人赔偿其住院期间医疗费 5000 元，称在深圳市妇幼保健院就诊时支付住院费 3000 多元，门诊费 900 多元。由于是劳务工保险，上述开销都是自费的。其向仲裁庭提交了在深圳市妇幼保健院就诊时现金交付的检查、治疗、其他费用共计 910.30 元（分别为 876.30 元、26 元和 8 元）的广东省医疗收费票据三张，并称住院费的票据丢失。对此，仲裁庭认为，如上所述，被申请人的过错在于，因被申请人错误地判断申请人的孕期，导致申请人不得不改变终止妊娠的方式，因此，被申请人应承担申请人为转院及住院增加部分的医疗费用，但无论采取什么样的方式治疗，申请人应承担其检查、治疗所必需的费用，即申请人支付"清宫术"的医疗费用理应由其自行承担。本案中，申请人称在深圳市妇幼保健院就诊时支付住院费 3000 多元，门诊费 900 多元。但没有提交住院费的票据，为此，仲裁庭给出申请人五个工作日的举证期限，要求申请人查找提交住院费的收费票据进行质证。遗憾的是，申请人在规定的期限内未能提交相关票据，仲裁庭无法进行核对，申请人应自行承担举证不能的法律后果，但申请人住院必定要支付相关的费用，仲裁庭确信该费用客观存在，仲裁庭根据公平原则，确定由被申请人补偿申请人增加的医疗费用人民币 1000 元。

在前述"Y3 某诉 P 医院案"中，仲裁庭认为，关于医疗费的数额，申请人所主张的医药费是患者在被申请人就诊时所发生的费用共计人民币 2035 元，其中含医药费和检查费。患者到被申请人处就诊，其自身已经存在疾病，申请人治疗及检查疾病所支付的医疗费理应自行负担，仲裁庭根据本案的实际，确定由被申请人补偿申请人医疗费人民币 1000 元。

在前述"Z2 某诉 FZ 医院案"中，仲裁庭认为，申请人所主张的医药费是从申请人到被申请人处首诊起至其在深圳市妇幼保健院治疗结束止所发生的全部医药费。仲裁庭认为，申请人到被申请人处就诊时，其自身已经存在疾病，申请人治疗疾病所支付的医疗费理应自行负担，被申请人承担的民事责任应当与其过错行为相对应。仲裁庭根据本案案情，确定由被申请人补偿申请人医药费人民币 6000 元。

在前述"W3 某诉 N 医院案"中，关于申请人的诊疗费数额问题，申请人提交了其在被申请人处和在李某某诊所及孙某某西医内科诊所的诊疗费票据，仲裁庭注意到，申请人向仲裁庭提交的李某某诊所出具的 14 张收费收据及孙某某西医内科诊所出具的 56 张收费收据均系连号，除了李某某诊所于 2011 年 6 月 16 日至 6 月 19 出具的四张收款收据外，其他收款收据的开具时间均在申请人排除"心肌梗死"之后，同时，从申请人提交的就诊收据可以看出，申请人从 2010 年 4 月 16 日起就有就诊的记录，证据显示，申请人到被申请人处就诊时，身体存在不适的症状，主要表现为"心悸、伴发胸闷"，申请人出院小结记载，申请人患有"短阵室上性心动过速"。仲裁庭认为，本案中，申请人自身存在身体不适的症状，不存在无故"被治疗"的情况，鉴于申请人没有向仲裁庭提交其到李某某诊所及孙某某西医内科诊所的门诊病历、处方予以佐证，不能证明上述医药费的真实性及与被申请人过错行为之间的关联性。因此，仲裁庭对申请人要求被申请人赔偿其在李某某诊所及孙某某西医内科诊所支出的医药费的赔偿请求不予支持。鉴于被申请人对申请人在其医院治疗的合理性未提出异议,故被申请人应赔偿申请人从2011年4月28日至2011年6月20日间在其医院支付的诊疗费人民币4467.62元。

在前述"L1某诉L医院案"中,申请人提出被申请人应当赔偿医疗费8123元。仲裁庭核对了申请人提交的医疗费票据,其金额为人民币7072.3元。仲裁庭认为应根据被申请人的过错责任比例,确定由被申请人赔偿申请人医疗费人民币2828.9元。

在前述"W2某诉R2医院案"中,仲裁庭认为,根据病历资料及鉴定意见,被申请人在2011年9月27日手术前的诊断和治疗过程是正确的,根据患者2011年10月1日的检验报告及彩超报告,患者出现血栓特征,被申请人术后未尽到注意义务及处理不当,故被申请人应承担相应的赔偿责任。患者自2011年9月15日入院至2011年10月15日死亡,共支付医疗费人民币91185.43元(B医院发生的医疗费与本案无关,不纳入本案赔偿范围)。考虑到被申请人作为公益性医疗机构、医疗风险的不确定性以及患者人身损害的起因属于交通事故,故仲裁庭酌定患者在住院期间发生的医疗费总额中的一半由申请人承担,另一半由被申请人承担50%责任,即人民币91185.43元÷2×50%=22796.36元。

在前述"W4某诉F医院案"中,仲裁庭认为,最高人民法院司法解释中的"医疗费"不包括申请人为治疗原发疾病而支出的费用。该部分费用与医院的医疗过失行为不存在因果关系。因此,对申请人要求医方赔偿因腰椎间盘突出症手术本身产生的医疗费主张不予支持。关于医疗费的数额,仲裁庭认为申请人提交的票据中,有三类费用不应计入医疗费。第一,如前所述,申请人因治疗原发疾病腰椎间盘突出症手术本身产生的医疗费15171.50元不应纳入医疗费赔偿;第二,申请人于2010年6月13日手术前产生的医疗费与被申请人的医疗过失无因果关系,不应纳入医疗费赔偿;第三,申请人提供的为治疗术后马尾神经粘连而自行采购的药品发票,须附载有药名的电脑小票以证明与本案的关联性,仅有未记载药品品名的定额发票不能说明问题。此外,门诊部分的费用虽由社会保险部门直接支付,但是付自个人社保账户,该账户内额度的性质为个人财产,只是强制用于医疗不可提取用于他用或转让而已。因此社保记账支付的门诊费用仍应认定为申请人实际支付的医疗费。仲裁庭经核对统计申请人的医疗费单据，认定申请人因被申请人的医疗过失产生医疗费人民币7936.45元。

在前述"Q某诉P医院案"中，仲裁庭认为，虽然申请人在住院期间向被申请人支付了住院按金（押金）人民币4000元，但未向仲裁庭提交其结算医药费的凭据，无法认定医疗费用的具体金额，故仲裁庭对申请人关于医疗费的仲裁请求不予支持。

在前述"W1某诉R1医院案"中，关于医疗费的赔偿问题，仲裁庭认为，申请人主张的部分住院费用和门诊费用虽由社会保险部门直接支付，但是付自个人社保账户，该账户内额度的性质为个人财产，只是强制用于医疗不可提取用于他用或转让而已。因此社保记账支付的住院费用和门诊费用仍应认定为申请人实际支付的医疗费。仲裁庭注意到，司法鉴定意见书认为，由于被申请人在孕中晚期对孕妇的高危因素重视不够，监测不到位，未尽到谨慎注意义务及告知义务致申请人胎死腹内才住院。因此，申请人的住院引产费用与被申请人的医疗过失行为存在因果关系，被申请人应承担申请人的医疗费用人民币2948.68元。此外，被申请人的过失主要发生于申请人孕晚期，而之前的孕期检查和药物治疗与申请人的损害不存在因果关系。故仲裁庭酌定，被申请人应当返还申请人自2012年7月5日（含当日）之后支付的门诊费用共计人民币286.4元。综上，被申请人应向申请人支付医疗费共计3235.08元。

综上所述，医方只对其过错导致的患方产生的医疗费用承担赔偿责任，具体赔偿额度根据其过错对损害结果的参与度，以及患方能够提供的证明其支出费用的合格发票额度确定，费用支出包括患方社保账户的费用支出。

4.3.2.2 误工费

根据前述最高人民法院司法解释的规定，误工费应根据受害人的误工时间和收入状况确定。误工时间根据受害人接受治疗的医疗机构出具的证明确定。受害人因伤致残持续误工的，误工时间可以计算至定残日前一天。受害人有固定收入的，误工费按照实际减少的收入计算。受害人无固定收入的，按照其最近三年的平均收入计算；受害人不能举证证明其最近三年的平均收入状况的，可以参照受诉法院所在地相同或者相近行业上一年度职工的平均工资计算。

在前述"Z2某诉FZ医院案"中，关于申请人提出的误工损失费的主张，仲裁庭认为，被申请人没有及时变更治疗方案或办理转院手续，致使申请人延长了治疗时间，影响了其正常工作，仲裁庭注意到，被申请人应当在2012年7月中旬为申请人实施宫腔镜手术或办理转院手续，而申请人于2012年9月13日才到深圳市妇幼保健院住院治疗，仲裁庭确认由被申请人赔偿申请人两个月的误工损失较为合理。申请人所在单位出具了申请人月工资标准为人民币3380元的证明，虽然被申请人对该标准提出异议，但其没有充分的证据与之抗辩，故仲裁庭采纳该工资标准，被申请人应向申请人支付误工损失人民币6760元。

在前述"L1某诉L医院案"中，申请人主张误工费63907元（事故前一年的月平均收入24899元÷30天×误工时间77天）。其中住院7天、出院证医嘱休息一个月、病假意见书建议休息10天、门诊病假证明书建议全休30天。仲裁庭注意到，深圳市人民医院出具的病假意见书建议休息10天，北京大学深圳医院出具的门诊病假证明书建议全休30天，上述病假意见书和门诊病假证明书出具的时间同为2011年12月26日，因此上述两份证据的误工时间累计应为30天，申请人对误工时间进行了重复计算，误工时间共计应为67天，因此误工费应为人民币55607元（事故前一年的月平均收入24899元÷30天×误工时间67天）。根据被申请人的过错责任比例，仲裁庭确定由被申请人赔偿申请人误工损失人民币22242.8元。

在"W3某诉N医院案"中，仲裁庭认为申请人妻子的误工损失与本案没有直接的因果关系，仲裁庭对申请人该项赔偿请求不予支持。对于申请人从误诊到确诊期间的工资损失，仲裁庭认为与被申请人的诊疗过错有直接的因果关系，被申请人应予赔偿，从2011年4月28日至6月20日的误工时间为54天。关于申请人提交的工资证明，因被申请人对其真实性不予认可，且申请人又不能提交社保证明及工资个人所得税证明予以佐证，因此，仲裁庭对该份证明的证明力不予认定。依据深圳市在岗职工2010年度月平均工资标准4205元计算，被申请人应赔偿申请人的误工损失为7569元

（事故前一年的月平均收入 4205 元÷30 天×误工时间 54 天）。

在前述"W4 某诉 F 医院案"中，关于误工费的数额，申请人主张，其术前收入为 6832 元/月，术后因马尾神经粘连导致右下肢功能障碍无法继续从事司机工作，只能在家休养，从单位取得病假工资，因此每月减少收入人民币 5002 元。被申请人对申请人提交的证据的真实性和合法性不予认可。申请人只向仲裁庭提供了其所在单位 2010 年 4 月的工资单，始终未向仲裁庭提供证据证明其近三年的平均收入。但是，仲裁庭认为误工费是确实存在的：申请人的职业为司机，术后因马尾神经粘连导致右下肢功能障碍无法继续从事司机工作亦是明显事实，申请人术后又在广州和深圳多家医院奔波诊疗、检查，难以保证正常的日常工作，亦为事实。因此，仲裁庭查阅了广东省高级人民法院于 2011、2010、2009 年发布的各年度《广东省人身损害赔偿计算标准》。这些文件列明，2010、2009、2008 年度深圳市国有单位在岗职工平均工资均为 65431 元/年，相当于 5452.58 元/月。该数额高于申请人主张的 5002 元/月。仲裁庭对申请人主张的 5002 元/月误工费予以确信。关于误工费计算时间，申请人主张，根据《最高人民法院关于审理人身损害赔偿案件适用法律若干问题的解释》第二十条的规定，计算时间应由 2010 年 7 月 8 日计算至评残前一天，即 2011 年 7 月 19 日。仲裁庭对此主张予以认可。2011 年 7 月 8 日至 7 月 19 日期间的工作日为 10 天，月计薪天数 21.75 天，被申请人应向申请人赔偿的误工费金额为人民币 5002 元/月×（12+10/21.75）月＝62323.77 元。

总而言之，仲裁庭会根据医方过错给患方造成的误工期限计算赔偿天数，具体的赔偿金额按照最高院司法解释的标准确定。

4.3.2.3 护理费

根据前述最高人民法院司法解释的相关规定，护理费应根据护理人员的收入状况和护理人数、护理期限确定。护理人员有收入的，参照误工费的规定计算；护理人员没有收入或者雇佣护工的，参照当地护工从事同等级别护理的劳务报酬标准计算。护理人员原则上为一人，但医疗机构或者鉴定机构有明确意见的，可以参照确定护理人员人数。护理期限应计算至受害人恢复生活自理能力时止。受害人因残疾不能恢复生活自理能力的，可以根据其年龄、健康状况等因素确定合理的护理期限，但最长不超过二十年。受害人定残后的护理，应当根据其护理依赖程度并结合配制残疾辅助器具的情况确定护理级别。

在前述"W6 某诉 Y 医院案"中，关于护理费的赔偿请求，仲裁庭认为，患者为未成年人，因病须住院治疗，其监护人在院陪护、照顾系监护需要，亦系病情需要，因此申请人主张由被申请人赔偿其护理费的仲裁请求，仲裁庭不予支持。

在前述"W5 某诉 Z 医院案"中，关于申请人要求被申请人赔偿其住院期间专人护理费的主张，仲裁庭认为，申请人终止妊娠进行人工流产必然要产生护理费，这与被申请人的治疗行为无关，不应当由被申请人赔偿。对此，仲裁庭不予支持。

在前述"Z2 某诉 FZ 医院案"中，关于申请人提出的护理费的仲裁请求，仲裁庭认为，申请人为治疗疾病必然要产生护理费，这与被申请人的治疗行为无关，不应当由被申请人赔偿。关于申请人提出的交通费的仲裁请求，因申请人没有提交相关证据，仲裁庭亦不予支持。

在前述"W4 某诉 F 医院案"中，仲裁庭认为，护理费是指患者在因医疗过失接受治疗期间确需专人陪护而产生的相关费用，不包括为治疗原发疾病而产生的护理费。对申请人 2010 年 6 月 9 日至 7 月 7 日因腰椎间盘突出症手术本身住院产生护理费的赔偿主张，仲裁庭不予支持。护理费的发生应以患者丧失部分或全部生活自理能力为前提，申请人自 2010 年 7 月 7 日出院后未再入院接受治疗或手术，也未向仲裁庭说明或证明其生活不能自理以致必须接受护理。因此，对申请人出院后的护理费主张，仲裁庭亦不予支持。

在前述"L1 某诉 L 医院案"中，关于护理费，仲裁庭认为，申请人住院 7 天，均按 50 元/天的标准计算，护理费为 350 元（50 元/天×7 天），合计人民币 700 元，根据被申请人的过错责任比例（40%），确定由被申请人赔偿申请人 140 元。

在前述"W2 某诉 R2 医院案"中，关于护理费，仲裁庭认为，计算时间应由 2011 年 9 月 28 日计算至 2011 年 10 月 15 日，计算方法为：居民服务和其他服务业年平均工资人民币 39335 元/12/21.75 天×18 天×50% = 1356.38 元。

总体而言，一般情况下，在医患纠纷案件中，对于患者住院诊疗本应自行承担的护理费，仲裁庭不会给予支持。

不过，司法判决中也存在着不同的做法，在"黎某某诉深圳市第二人民医院医疗损害责任纠纷案"中①，原告主张护理费，但未提供护理费确实发生的相关证据，但根据原告的病情及住院的事实，法院酌定原告住院期间需要一人陪护。

4.3.2.4 住院伙食补贴、营养费、交通费和住宿费

根据前述最高人民法院司法解释的规定，交通费根据受害人及其必要的陪护人员因就医或者转院治疗实际发生的费用计算。交通费应当以正式票据为凭，有关凭据应当与就医地点、时间、人数、次数相符合；住院伙食补助费可以参照当地国家机关一般工作人员的出差伙食补助标准予以确定。受害人确有必要到外地治疗，因客观原因不能住院的，受害人本人及其陪护人员实际发生的住宿费和伙食费，其合理部分应予赔偿；营养费根据受害人伤残情况参照医疗机构的意见确定。

在前述"W6 某诉 Y 医院案""W5 某诉 Z 医院案""Z2 某诉 FZ 医院案"中，关于申请人提出的住院伙食补助费、营养费、交通费的仲裁请求，仲裁庭也以与护理费相同的理由不予支持。

在前述"W4 某诉 F 医院案"中，仲裁庭认为营养费是指患者在遭受损害后，为辅助治疗或使身体尽快康复而购买日常饮食以外的营养品所支出的费用。申请人拟在后续治疗中使用鼠神经生长因子神经营养药物，其性质是药物而不是营养品。尚未实际发生且为申请人后续治疗所必需的鼠神经生长因子药物费用，应归入后续治疗费中一并处理；关于交通费的数额，申请人应以单据据实申报，但在申请人提交的单据中，仲裁庭认为存在两处明显的不合常理之处：第一，出现了同一辆车同日多次开具车票的情况，用包车、电召或候车等理由均无法做合理解释；第二，2011 年 3 月 16 日、

---

① （2013）深福法民一初字第 469 号。

17 日和 8 月 22 日、23 日深圳至广州来回动车票 IC 卡专用凭证和车站口凭票打印的报销凭证存在重复计算的现象，且存在有凭票打印的报销凭证却无车票 IC 卡专用凭证的现象，仅此一项，申请人就多报了人民币 560 元。上述现象的存在降低了申请人交通费证据效力的真实性，仲裁庭酌定被申请人应承担的交通费赔偿金额为人民币 2000 元。

在前述"L1 某诉 L 医院案"中，对于住院伙食补助，仲裁庭认为，申请人住院 7 天，均按 50 元/天的标准计算，即住院伙食补贴为 350 元（50 元/天 ×7 天），根据被申请人的过错责任比例（40%），确定由被申请人赔偿申请人 140 元；对于营养费，仲裁庭综合申请人自身患有神经鞘膜瘤疾病的事实，确定由被申请人支付申请人营养费人民币 500 元；对于交通费及住宿费，申请人提交了交通费的票据 3021 元和住宿费 896 元，仲裁庭认为，申请人庭审中称其在深圳市和广州市的医院治疗该疾病，但申请人提交的票据中有其夫妻到上海的飞机票和在上海住宿的发票，因无法确定该上海行与治疗该疾病存在联系，故仲裁庭确定由被申请人赔偿申请人交通费人民币 800 元。

在前述"W2 某诉 R2 医院案"中，关于住院伙食补助费，仲裁庭认为自 2011 年 9 月 28 日计算至 2011 年 10 月 15 日止，计算方法为 50 元/天 ×18 天 ×50% =450 元。申请人亲属处理丧葬事宜的交通费，因申请人提交的交通票据涉及飞机票、火车票、汽油票、公交票等，故仲裁庭对于申请人的主张总额中的合理部分予以采信，对被申请人应承担的交通费酌定为人民币 3000 元。申请人亲属处理丧葬事宜住宿费，结合相关证据及实际情况，酌定被申请人应承担的住宿费为人民币 2000 元。

在前述"Y3 某诉 P 医院案"中，关于申请人提出的误工损失费、交通费、住宿费、伙食费的主张，申请人称，为处理患者死亡的事宜，支出了大量的费用，要求被申请人赔偿误工费 20000 元、交通费 3000 元、住宿费 10000 元、伙食费 12000 元，仲裁庭注意到，申请人所提出的这些费用，有的没有相关票据证明，仲裁庭根据本案的实际，确定由被申请人补偿申请人因处理丧葬事宜而发生的误工费 10000 元、交通费 2000 元、住宿费 8000 元、伙食费 5000 元，计人民币 25000 元。

总体而言，对于上述四项费用，仲裁庭一般情况下会认为其属于患者到医院诊疗本应承担的费用，只有在医方存在过错，导致患方需要继续诊疗时才会酌情考虑患方多承担的费用。

在上一小节提到的"黎某某诉深圳市第二人民医院医疗损害责任纠纷案"中，原告主张营养费，未提交其购买有关营养品的发票，考虑到原告确有加强营养的实际需要，法院酌定原告营养费损失为人民币2000元。原告主张交通费，未提交相关票据，考虑到原告确有交通费用支出，法院酌定原告交通费为人民币2000元。

4.3.2.5 残疾赔偿金和残疾辅助器具费

根据前述最高人民法院司法解释的规定，残疾赔偿金应根据受害人丧失劳动能力程度或者伤残等级，按照受诉法院所在地上一年度城镇居民人均可支配收入或者农村居民人均纯收入标准，自定残之日起按二十年计算。但六十周岁以上的，年龄每增加一岁减少一年；七十五周岁以上的，按五年计算。受害人因伤致残但实际收入没有减少，或者伤残等级较轻但造成职业妨害严重影响其劳动就业的，可以对残疾赔偿金做相应调整。

在前述"L1某诉L医院案"中，申请人被判定为十级伤残，其伤残等级比例为10%，其残疾赔偿金为81483.76元（2012年度深圳市城镇居民人均可支配收入40741.88元/年×赔偿年限20年×伤残等级比例10%），根据被申请人的过错责任比例，确定由被申请人赔偿申请人残疾赔偿金人民币32593.5元（81483.76元×40% = 32593.5元）。

在前述"W4某诉F医院案"中，关于申请人主张的劳动力丧失程度差额损失费，仲裁庭认为，法律和行政法规中没有"劳动力丧失程度差额损失费"的提法，也没有与"劳动力丧失程度差额损失费"概念相对应的法律规范。与"劳动力丧失程度差额损失费"概念的内涵一致的法定概念是残疾赔偿金，即因人身遭受损害致残而丧失全部或者部分劳动能力的财产赔偿；关于残疾赔偿金的数额，仲裁庭认为，应参照《最高人民法院关于审理人身损害赔偿案件适用法律若干问题的解释》第二十五条的规定，按照深圳市2010年城镇居民人均可支配收入标准，自定残之日起按二十年计算。同时，鉴于申请人的职业为司机，虽然伤残等级为较轻的十级，但其右下肢功能失常造成职业妨害严重影响其从事原有职业，仲裁庭对残疾赔偿金做相应调整，酌定赔偿系数以 26% 为宜。2010 年深圳市城镇居民人均可支配收入为人民币 32380.86 元。因此，残疾赔偿金的具体金额为：32380.86 元/年×赔偿年限 20 年×被申请人过错参与度 60%×伤残等级比例 26% = 101028.28 元。

另外，根据前述最高人民法院司法解释的规定，残疾辅助器具费按照普通适用器具的合理费用标准计算。伤情有特殊需要的，可以参照辅助器具配制机构的意见确定相应的合理费用标准。辅助器具的更换周期和赔偿期限参照配制机构的意见确定。超过确定的护理期限、辅助器具费给付年限或者残疾赔偿金给付年限，赔偿权利人向人民法院起诉请求继续给付护理费、辅助器具费或者残疾赔偿金的，人民法院应予受理。赔偿权利人确需继续护理、配制辅助器具，或者没有劳动能力和生活来源的，人民法院应当判令赔偿义务人继续给付相关费用五至十年。

4.3.2.6　死亡赔偿金

根据最高人民法院司法解释的规定，死亡赔偿金按照受诉法院所在地上一年度城镇居民人均可支配收入或者农村居民人均纯收入标准，按二十年计算。但六十周岁以上的，年龄每增加一岁减少一年；七十五周岁以上的，按五年计算。

在前述"W6 某诉 Y 医院案"中，仲裁庭参照最高人民法院司法解释的规定和广东省高级人民法院《广东省 2014 年度人身损害赔偿计算标准》，结合被申请人过错参与度，认定被申请人应赔偿申请人死亡赔偿金为人民币 267918.6 元（44653.1 元/年×赔偿年限 20 年×被申请人过错参与度 30%）。

在前述"Y3 某诉 P 医院案"中，根据广东省高级人民法院关于印发《广东省 2014 年度人身损害赔偿计算标准》的通知规定，2014 年深圳城镇居民人均可支配收入为人民币 44653.10 元，对此，被申请人称，死者的户籍性质为农业户口，其必须同时符合在深圳居住一年以上，且有固定收入两个条件才能按城镇居民标准计算，申请人仅提供了居委会的证明但未提供房屋租赁证明材料，不能证明其在深圳居住一年以上，应按照农村居民标准计算赔偿数额。对此，仲裁庭查明，患者于 2013 年 3 月 1 日与深圳市坪山新区某社区百货店签订了劳动合同，深圳市坪山新区坪山办事处某社区居民委员会出具证明，证实患者在工作期间居住在某百货店员工宿舍。因此，仲裁庭认为，患者在深圳居住已经满一年，且其有固定工资收入，应按深圳居民人均可支配收入标准计算死亡赔偿金，被申请人的该抗辩观点不成立，仲裁庭不予采纳，按深圳居民人均可支配收入标准计算，数额为人民币 893062 元，仲裁庭确定，被申请人应支付给申请人死亡赔偿金人民币 625143.4 元（893062 元×70% = 625143.4 元）。

在前述"W5 某诉 Z 医院案"中，申请人请求裁决被申请人赔偿死亡赔偿金人民币 814837.6 元（40741.88 元/年×20 年），根据《广东省 2013 年度人身损害赔偿计算标准》，深圳市 2012 年城镇居民人均可支配收入为 40741.88 元/年，城镇、国有单位在岗职工年均工资标准为 90492 元/年，死亡精神损害抚慰金为人民币 100000 元。按照上述计算标准，城镇居民死亡赔偿金按上年度城镇居民人均可支配收入 40741.88 元/年计算 20 年，即 40741.88 元/年×20 年 = 814837.60 元。因此，仲裁庭认可申请人的死亡赔偿金申请，参照法医临床鉴定书证审查意见书做出的结论，仲裁庭认定被申请人医疗过错的参与度为 10%，按照上述金额的 10% 确定死亡赔偿金。

在前述"W2 某诉 R2 医院案"中，仲裁庭对死亡赔偿金的计算为：32380.86 元/年×赔偿年限 20 年×被申请人过错参与度 50% = 323808.6 元。

4.3.2.7 丧葬费的赔偿请求

根据前述最高人民法院司法解释的规定，丧葬费按照受诉法院所在地上一年度职工月平均工资标准，以六个月总额计算。

在前述"W6 某诉 Y 医院案"中，关于申请人提出由被申请人赔偿其患儿丧葬费及棺木费的仲裁请求，仲裁庭认为，棺木费应纳入丧葬费范畴，不应单列计算。参照《最高人民法院关于审理人身损害赔偿案件适用法律若干问题的解释》第二十七条的规定和仲裁庭参照广东省高级人民法院《广东省 2014 年度人身损害赔偿计算标准》，结合被申请人过错参与度，认定被申请人应赔偿申请人丧葬费人民币 13558.95 元（90393 元/年÷12 个月×6 个月×被申请人过错参与度 30%）。

在前述"Y3 某诉 P 医院案"中，关于丧葬费、殡仪馆费用的数额，根据广东省高级人民法院关于印发《广东省 2014 年度人身损害赔偿计算标准》的通知规定，2014 年深圳市在岗职工年平均工资标准为 90393 元，按此标准计算，6 个月数额为 45196.5 元（90393 元÷2＝45196.5 元），因此，仲裁庭确定由被申请人支付给申请人丧葬费人民币 31637.55 元（45196.5 元×70%＝31637.55 元）。同时，仲裁庭注意到，本案中，患者的遗体一直在殡仪馆存放，需支付遗体存放费用，该费用也属于丧葬费范畴，仲裁庭认为，该遗体已经过法医鉴定，本案庭审结束后，该遗体已没有继续存放的必要，仲裁庭根据本案的实际情况，酌定由被申请人支付给申请人遗体存放费人民币 8362.45 元。

此外，对于处理丧葬事宜和误工费支出的交通费，仲裁庭认为参照《最高人民法院关于审理人身损害赔偿案件适用法律若干问题的解释》第二十二条的规定，交通费根据受害人及其必要的陪护人员因就医或者转院治疗实际发生的费用计算。交通费应当以正式票据为凭。本案中，申请人未就其主张的交通费提交相应的证据材料，因此，仲裁庭对申请人主张的交通费人民币 3000 元不予支持；参照《最高人民法院关于审理人身损害赔偿案件适用法律若干问题的解释》第二十条的规定：误工费根据受害人的误工时间和收入状况确定。受害人有固定收入的，误工费按照实际减少的收入计算。本案申请人要求被申请人赔偿其处理丧葬事宜的误工费人民币 2992.55 元，仲裁庭根据本案的实际情况，确定由被申请人赔偿申请人因处理丧葬事宜的误工损失人民币 1000 元。

在前述"W5 某诉 Z 医院案"中，申请人请求裁决被申请人赔偿丧葬费人民币 45246 元（90492 元/年÷12 个月×6 个月），根据《广东省 2013 年度人身损害赔偿计算标准》，深圳市 2012 年城镇居民人均可支配收入为 40741.88 元/年，城镇、国有单位在岗职工年均工资标准为 90492 元/年，死亡精神损害抚慰金为人民币 100000 元。按照上述计算标准，丧葬费按上一年度城镇、国有单位在岗职工月平均工资标准，以 6 个月总额计算，即 90492 元/年÷12 个月×6 个月＝45246 元。仲裁庭认定被申请人医疗过错的参与度为 10%，按照上述金额的 10% 确定死亡赔偿金。

在前述"W2 某诉 R2 医院案"中，仲裁庭认为，因深圳市 2011 年度城镇、国有单位在岗职工年平均工资为人民币 79734 元，丧葬费为 6 个月的在岗职工平均工资，因此计算为：79734 元 ÷ 12 个月 × 6 个月 × 50% = 19933.5 元。

4.3.2.8 被扶养人生活费

根据最高人民法院司法解释的规定，被扶养人生活费根据扶养人丧失劳动能力程度，按照受诉法院所在地上一年度城镇居民人均消费性支出和农村居民人均年生活消费支出标准计算。被扶养人为未成年人的，计算至十八周岁；被扶养人无劳动能力又无其他生活来源的，计算二十年。但六十周岁以上的，年龄每增加一岁减少一年；七十五周岁以上的，按五年计算。被扶养人是指受害人依法应当承担扶养义务的未成年人或者丧失劳动能力又无其他生活来源的成年近亲属。被扶养人还有其他扶养人的，赔偿义务人只赔偿受害人依法应当负担的部分。被扶养人有数人的，年赔偿总额累计不超过上一年度城镇居民人均消费性支出额或者农村居民人均年生活消费支出额。

在前述"L1 某诉 L 医院案"中，申请人的父母和女儿受申请人扶养，因申请人的父母有 5 名子女，因此申请人承担五分之一的扶养义务，其父母的扶养费为 53455.36 元（2012 年深圳市人均消费性支出标准 26727.68 元/年 × 5 年 × 2 人 ÷ 5 名子女），申请人抚养其女儿的抚养费，因申请人与其丈夫共同抚养女儿，因此，申请人承担二分之一的抚养义务，其抚养费为 66819.2 元（2012 年深圳市人均消费性支出 26727.68 元/年 × 5 年 ÷ 2 人），上述两项合计人民币 120274.56 元，根据被申请人的过错责任比例，确定由被申请人赔偿申请人被扶养人扶养费人民币 48109.8 元（120274.56 元 × 40% = 48109.8 元）。

在前述"W2 某诉 R2 医院案"中，仲裁庭认为，被扶养人（患者母亲）共有 5 个儿女，被扶养人生活费需要分摊，被申请人应赔偿申请人的金额为患者应分担总额的 50%，依法计算为：22806.54 元/年 × 5 年 ÷ 5 人 × 50% = 11403.27 元。

4.3.2.9 鉴定费的问题

根据前文中的论述，鉴定意见属于证据的一种，案件当事人提交鉴定意见或者申请仲裁庭委托进行鉴定，都是为了查清医方是否存在过错以及过错与损害结果之间的因果关系，进而支持自己的主张。因此，根据"谁主张、谁举证"的一般原则，应由提交鉴定意见的当事人或者申请鉴定的当事人，通常是申请人承担鉴定费用，只有在适用推定过错或者无过错责任原则的案件中由被申请人承担。

在"W6 某诉 Y 医院案"案中，仲裁庭认为，申请人先后进行了两个鉴定，即患儿死因鉴定和医疗损害过错鉴定。本案在立案前，为查明患儿死因，双方当事人达成各支付一半鉴定费的合意，申请人支付死因鉴定费系其真实意思表示，因此其主张被申请人负担全部死因鉴定费的仲裁请求，仲裁庭不予支持；案件审理中，仲裁庭委托了鉴定机构对被申请人的诊疗行为是否存在过错进行了医疗损害过错鉴定，被申请人预交了鉴定费人民币 8120 元，结合被申请人过错参与度，仲裁庭确定由被申请人承担 30%，即 2436 元，由申请人承担 70%，即 5684 元，该款项由被申请人在应支付给申请人的款项中扣除。

在前述"R 某诉 P 医院案"中，仲裁庭认为，在本案审理过程中，虽然没有任何一方当事人向仲裁庭申请司法鉴定，但仲裁庭在庭审中向双方当事人释明了相应的法律规定及法律风险。双方当事人均同意将是否鉴定、鉴定机构的选定及鉴定费用的缴纳交由仲裁庭决定。仲裁庭本着审慎的态度，遂依职权先后委托了三个鉴定机构鉴定，但只有广东中一司法鉴定所同意受理并出具了鉴定意见。鉴定费人民币 6120 元已由被申请人根据仲裁庭的决定预交给了鉴定机构。仲裁庭认为，该鉴定费依照法律及仲裁规则规定本应由申请人承担，但考虑到申请人的经济状况，仲裁庭决定由被申请人承担。

在前述"W2 某诉 R2 医院案"中，广东南天司法鉴定所收取的鉴定费人民币 9000 元，已由被申请人缴纳，仲裁庭裁决由申请人、被申请人各承担 50% 即 4500 元。

4.3.2.10 精神损害抚慰金的数额

除了残疾赔偿金和死亡赔偿金外，确定精神损害赔偿的数额可以考虑侵权人的主观状态、被侵权人的伤残情况和遭受精神痛苦的情形等。[①] 一般

[①] 王胜明：《中华人民共和国侵权责任法释义》，法律出版社，2010，第 310 页。

由仲裁庭酌情决定。

在前述"W6 某诉 Y 医院案"中，仲裁庭认为，依据《侵权责任法》第二十二条之规定，结合本案被申请人的过错程度，被申请人应支付申请人一定数额的精神损害抚慰金。仲裁庭确定对申请人关于精神损害抚慰金的赔偿请求予以部分支持，具体金额以人民币 30000 元为宜。

在前述"W5 某诉 Z 医院案"中，关于申请人请求被申请人支付申请人精神损害赔偿费 10000 元的问题。仲裁庭认为，虽然被申请人在为申请人提供医疗服务的过程中错误判断胎儿生长情况，但被申请人及时建议申请人去专科医院就诊，且深圳市妇幼保健院对申请人的孕期及时做出了判断，使申请人及时接受妥善诊治，实施了早期妊娠人流术，没有采取申请人所说的人工引产，没有造成损害后果。仲裁庭对申请人要求由被申请人支付精神损害赔偿费的仲裁请求不予支持。

在前述"Y3 某诉 P 院案"中，关于精神损害抚慰金的数额，仲裁庭认为，医学系一门复杂的学科，在一般情况下患者疾病存在一定的未知性、个体差异性及风险性，医疗行为也存在不确定性和探索性，本案中，患者自身患有嗜铬细胞瘤，且其前期表现不明显，发病突然，症状危重，在临床上较少见，这给被申请人及时做出正确判断增加了难度，被申请人接诊后，虽然存在漏诊、漏治的现象，但其还是采取了积极的救治措施，力图为患者消除病痛，挽救生命，其损害行为不同于一般的损害，仲裁庭结合案件的事实，确定由被申请人向申请人支付精神抚慰金人民币 60000 元。

在前述"Z2 某诉 FZ 医院案"中，关于申请人提出的精神损害赔偿的问题，仲裁庭认为，被申请人在为申请人提供医疗服务的过程中，没有履行充分的告知义务，给申请人的心理造成了一定程度的损害，现根据本案的实际情况，确定由被申请人支付申请人精神损害抚慰金人民币 6000 元。

在前述"W3 某诉 N 医院案"中，关于申请人的精神损失费问题，仲裁庭认为，心肌梗死是一种严重的疾病，重者危及患者的生命。被申请人医生误诊申请人"心肌梗死可能"后，没有及时确诊，造成申请人长时间精神紧张，对申请人造成了一定的精神损害，鉴于被申请人最终确诊申请人未患心肌梗死，没有给申请人造成严重后果，因此，根据《侵权责任法》

第二十二条之规定，仲裁庭酌定被申请人应支付给申请人精神损失赔偿金人民币 5000 元。

在前述"Y1 某诉 L 医院案"中，仲裁庭认为，参考深圳司法实践，精神损害抚慰金按人民币 80000 元计。

在前述"L1 某诉 L 医院案"中，仲裁庭认为，因被申请人的医疗过错，给申请人的身心健康造成了一定的损害，且申请人作为医生，其右手正中神经损伤对其工作生活有较大的影响，因此，被申请人应当向申请人支付精神损害抚慰金人民币 30000 元。

在前述"W4 某诉 F 医院案"中，关于精神损害抚慰金的数额，仲裁庭认为，依据《侵权责任法》第二十二和《最高人民法院关于确定民事侵权精神损害赔偿责任若干问题的解释》第十条，综合考虑申请人职业特殊性、年龄情况和被申请人作为医疗机构救死扶伤的责任风险，仲裁庭认为，对申请人关于精神损害抚慰金的赔偿主张应予部分支持，具体金额以人民币 10000 元为妥。

在前述"W1 某诉 R1 医院案"中，关于精神损害抚慰金的数额，依据《侵权责任法》第二十二条和《最高人民法院关于确定民事侵权精神损害赔偿责任若干问题的解释》第十条，综合考虑被申请人的过错程度，申请人家庭情况特殊性、年龄情况及其身体的自然条件和被申请人作为医疗机构救死扶伤的责任风险、深圳市平均生活水平等各因素，仲裁庭经合议一致酌定认为，对申请人关于精神损害抚慰金赔偿主张应予部分支持，具体金额以人民币 50000 元为宜。

在前述"W5 某诉 Z 医院案"中，申请人申请精神损害抚慰金 10 万元，仲裁庭给予支持。

在前述"W2 某诉 R2 医院案"中，仲裁庭将精神损害抚慰金酌定为 2 万元。

在法院的判决中，对于精神损害抚慰金也是采取因案裁量的方法，在"黄某某与深圳华西口腔门诊部医疗损害责任纠纷上诉案"中[①]，法院认为，

---

① （2015）深中法民终字第 2706 号。

关于上诉人提出的要求被上诉人赔偿其身体伤害和精神损害 50000 元的诉讼请求，根据深圳市医学会做出的鉴定意见和相关说明，被上诉人存在轻微的医疗过错，虽然未造成上诉人的损害后果，但考虑到被上诉人年事已高，本案诊疗行为持续时间长达十余年，被上诉人的医疗过错给高龄的上诉人带来了长时间的精神痛苦，其所受精神损害显而易见，故酌情判令被上诉人支付上诉人精神损害抚慰金 8000 元。在"岑某某与深圳博爱医院医疗损害责任纠纷上诉案"中①，法院认为，上诉人主张被上诉人应向其支付 10 万元，因上诉人所受损害部位在面部鼻梁处，对上诉人的生活、工作会造成显而易见的影响，尤其对女性而言，所受心理创伤尤为严重，故酌定精神损害赔偿金应为 20000 元，结合被上诉人的过错程度，上诉人应得的精神损害赔偿金为 14000 元（20000 元 ×70%）。上诉人关于精神损害赔偿金的上诉理由部分成立，法院予以部分支持。

4.3.2.11 申请人支付律师费、代理费

在仲裁实践中，由败诉方支付胜诉方的律师费是一项惯例，《深圳仲裁委员会仲裁规则》也规定，经当事人请求，仲裁庭可以裁决案件败诉方补偿胜诉方因办理仲裁案件所支出的合理费用。仲裁庭裁决败诉方补偿胜诉方因办案而支出的合理费用时，应当具体考虑案件的裁决结果、复杂程度、胜诉方的实际工作量、案件的争议金额以及有关部门规定的收费标准等因素。

在大多数申请人胜诉的案件中，只要申请人能够提供相应的发票证据，仲裁庭都会裁决被申请人支付申请人律师费，或者根据双方的责任承担比例确定被申请人的补偿比例，如在前述"L1 某诉 L 医院案"中，被申请人对损害结果应当承担 40% 的责任，因此仲裁庭认为，本案中申请人因本案聘请律师而支付的律师费 20000 元属于合理费用，仲裁庭根据本案的实际，确定由被申请人补偿申请人律师代理费人民币 10000 元。

4.3.2.12 仲裁费

仲裁费用是仲裁委员会根据国务院制定的《仲裁委员会仲裁收费办法》

---

① （2015）深中法民终字第 1161 号。

的有关规定来决定的,它包括案件受理费和案件处理费,它不属于仲裁争议的范畴,即使当事人在仲裁请求中没有主张,仲裁庭也要在此对仲裁费用的负担进行分配。原则上,仲裁庭按当事人胜诉比例确定各方应承担的仲裁费比例,但也会根据各方过错程度加以调整。根据《深圳仲裁委员会仲裁规则》第六十三条的规定,仲裁费用由败诉方承担,但仲裁庭可以根据当事人的过错责任和裁决结果确定仲裁费用的承担方式。

如前文所述,医患纠纷仲裁的仲裁费用较低,因此人民币100元仲裁费用会根据仲裁裁决结果由申请人或被申请人承担。一般而言,只要被申请人存在过错,都要按照过错参与度承担这100元象征性的仲裁费用。在前述"W2某诉R2医院案"中,仲裁庭根据案件实际情况,确定本案仲裁费100元由申请人、被申请人各承担50元。

4.4 调解书/调解裁决的作出

依据当事人之间达成的调解/和解协议作出仲裁裁决是仲裁的特殊之处,根据前文中的数据统计可知,深圳医患纠纷仲裁院受理的案件中,调解率达到70%。很多案件在仲裁庭的调解下,甚至在仲裁庭介入调解前,医方对本身存在的过错给予承认,也能就赔偿金额与患方达成一致,为了将双方的合意固化并赋予法律效力,防止日后医方反悔,仲裁庭可以根据《深圳仲裁委员会仲裁规则》第八章"调解"第七十条或第七十四条的规定,根据调解协议或和解协议的内容制作调解书或裁决书。

对于调解书,仲裁庭根据双方当事人的要求可以不详述案件情况及双方过错责任,而是简述案情、写明双方达成的调解协议内容,并给予确认,赋予法律效力。

在"X某诉R医院案"中,仲裁裁决如下:

> 为妥善解决此纠纷,双方当事人经协商,达成调解协议如下:
> 一、按照中华人民共和国继承法的规定,自然人死亡后,其权利由配偶、父母、子女继承,其生前需要扶养的人也有权获得相应的份

额，因此申请人应如实提供有关资料，保证所提供资料的真实和完整，上述继承人和生前需要扶养的人之名单由申请人代理人提供，被申请人予以认可，本纠纷了结后，若有其他继承人或生前需要扶养的人向被申请人主张权利，被申请人将不予认可，由此产生的责任由申请人负责，所生纠纷由申请人自行解决。

二、被申请人免除患者此次住院期间所欠医疗费用共计人民币57729.76元。

三、被申请人一次性赔偿申请人人民币129000.00元（此费用包括医疗费、误工费、护理费、住院伙食补助费、交通费、住宿费、营养费、死亡赔偿金、丧葬费、被扶养人生活费、精神损害抚慰金等与此次纠纷相关的所有费用）。

二、被申请人在深圳医患纠纷仲裁院下达仲裁调解书后十个工作日内向申请人支付上述赔偿款，由申请人的委托代理人吕军领取，申请人收款后应向被申请人出具书面收款凭证，此纠纷即告终结。

三、申请人承诺：1）不再向被申请人要求其他任何形式的赔偿、补偿、补助、援助；2）不再向被申请人主张其他任何权利；3）不向被申请人要求给予免费医疗；4）不申请医疗损害技术鉴定或司法鉴定；5）不申请任何行政机构调解或向法院起诉；6）不到任何场所、任何国家机关上访；7）不实施任何有损被申请人及其工作人员名誉和形象的行为；8）不实施任何影响被申请人工作秩序的行为；9）对本纠纷内容保密，不与任何人讨论、提起本纠纷，不向任何媒体披露本纠纷内容。

四、被申请人如违反本协议的约定，应向申请人支付违约金人民币5万元；申请人如违反本协议的约定，则除退还其依据本协议所取得的赔偿款外，还应向被申请人支付违约金人民币5万元。

五、本案仲裁费人民币100元，由被申请人负担。

仲裁庭认为，上述调解协议，是双方当事人真实的意思表示，符合有关法律规定，仲裁庭予以确认，并根据该协议制作调解书。

本调解书与裁决书具有同等法律效力，自双方当事人签收之日起生效。

而在和解仲裁裁决书中，仲裁庭通常会简述案件的基本事实和双方对过错的承认，并根据双方达成的和解内容作出裁决。

在"L2某诉G医院案"中，仲裁庭认为，该案事实清楚，法律关系明确，被申请人在为患者实施手术过程中，对手术的复杂性预判不足，在患者出现广泛渗血的情况下，采取措施不当，致使患者因大量出血致失血性休克，进而造成患者低血容量性休克致多器官功能衰竭死亡的后果。被申请人在出现纠纷后，能够本着实事求是的态度，正视自己的不足，积极主动与患者的亲属进行沟通和理赔，案件审理期间，仲裁庭向双方当事人提出了调解意见，双方当事人当庭达成了调解协议，已就患者的死亡而产生的医患纠纷进行了一次性处理，体现了当事人的意愿，不违反法律的强制性规定，仲裁庭予以确认。双方当事人约定由仲裁庭根据调解协议的内容制作裁决书，其请求符合法律和《深圳仲裁委员会仲裁规则》的规定，仲裁庭予以支持。本案仲裁费由被申请人承担。遂裁决：一、被申请人一次性赔偿给申请人的人民币106万元（扣除被申请人已经支付给申请人的人民币20万元，现被申请人只需向申请人支付剩余的人民币86万元），此费用包括医药费、死亡赔偿金、丧葬费、被抚养人生活费、精神损害抚慰金等与本案有关的所有费用；二、被申请人免除患者在被申请人处治疗期间的应自付的医药费；三、被申请人为患者垫付的其在中山大学附属第三医院治疗期间的费用由被申请人承担；四、本案仲裁费人民币100元，由被申请人承担；五、被申请人应支付的上述款项由被申请人于裁决书送达之日起十日内支付给申请人，由申请人向被申请人出具书面收款凭证。

总体而言，仲裁庭会对医患纠纷发生的背景资料进行核实调查，并充分征求双方意见，确保和解裁决的内容符合医患双方的真实意愿，内容合法，不违反法律的强制性规定，方可依照《仲裁法》和《深圳仲裁委员会仲裁规则》的规定作出仲裁裁决。

第5章 经验和完善建议

5.1 经验总结

从制度创新的角度来说,深圳医患纠纷仲裁院成立和开展工作以来的经验需要被总结成可复制、可推广的具体做法。虽然不能完全为其他地区所适用,但可以提供一些可资借鉴的经验。

5.1.1 找准角色定位

"人贵有自知之明",作为一个机构同样如此。医患纠纷仲裁与普通仲裁不同,后者从市场交易中自发而来,有其市场本身的需求性,当事人通常在民商事关系发生时就在合同中约定了仲裁条款,提前确定了合同纠纷的管辖机构和纠纷解决规则。而医患纠纷仲裁院是为解决医患纠纷探索出的一种新模式,除一些重大手术外,医疗行为不太可能事先达成仲裁协议。相对于传统的法院纠纷解决和目前开展较为普遍的人民调解,完全属于"替代性纠纷解决方法";而相对于《仲裁法》赋予民商事仲裁委员会的职能而言,医患纠纷仲裁完全属于"兼职"行为,不太可能成为仲裁委员会的"主业"。因此,找准医患纠纷仲裁机构的定位,对于处理好其与法院、医院、医疗行政主管部门之间的关系,以及与仲裁委员会其他业务部门之间的关系都是非常重要的。

5.1.2 争取相关部门支持

基于医患纠纷仲裁的补充性,其不可能由仲裁委员会一家单位发起和运营,必须与相关部门协作开展,得到多方的支持。首先要取得卫生行政主管部门和医疗机构的支持，让其对仲裁有所了解，清楚其相比于已经开展时间较长的法院诉讼和人民调解的优势所在，愿意通过仲裁手段解决与患者之间的纠纷，并在工作中做适当宣传和推广；其次要争取财政部门的支持，如前所述，由于医患纠纷的特殊性，像商事仲裁一样由申请人先支付仲裁费是不现实的，仲裁委员会作为收支两条线的事业单位也不适合用商事案件的收入直接补贴医患案件，更不能像慈善机构一样运营，因此，必须将开展医患纠纷的费用纳入预算，由财政部门拨付；最后，必须得到法院的支持，从替代性纠纷解决方法的角度来看，仲裁委员会开展医患纠纷仲裁应当受到法院的欢迎，但由于本书所说的医患纠纷仲裁中专业医生的参与，在审理程序和裁决方法上与法院有所区别，因此有必要与法院进行沟通和交流，让法院了解医患纠纷的处理方式，在仲裁裁决执行时得到其支持。

5.1.3　建立一支过硬的仲裁员队伍

一起仲裁案件的处理效果（包括处理过程和最后结果）在很大程度上取决于经办仲裁员的专业素养和敬业态度。从前文介绍来看，医患纠纷仲裁员中有一批既懂医学也懂法学的仲裁员，实践证明，他们在案件处理中既发挥了专业裁判的作用，也发挥了"桥梁"作用，往往一方面能够在仲裁庭中帮助纯法律专业仲裁员理解复杂的医疗原理和规则，对医方是否存在过错以及过错参与度做出法律判断，另一方面能够帮助纯医学专业仲裁员理解侵权、过错、因果关系、参与度、举证责任等法律术语以及如何运用法律思维判断医院行为和医疗专业问题。经过五年的锻炼和磨合，这样的仲裁员是医患纠纷仲裁员队伍的中坚力量。

此外，通过加强培训和交流，医患纠纷仲裁员在整体上对法律，特别是仲裁法、侵权行为法等法律知识的掌握有了较明显的提高。而一些热心于参与医患纠纷的其他仲裁员对于基本的医疗流程和专业知识也有了一定的掌握。仲裁员之间取长补短，对于队伍整体素质的提高非常有益。

5.1.4　制定合理的仲裁规则

无论是何种专业背景的仲裁员处理案件，都必须按照《仲裁法》和

《深圳仲裁委员会仲裁规则》（以下简称《仲裁规则》）规定的程序进行，保证纠纷双方当事人能够平等、公正地参与案件审理，保证仲裁员在处理案件时有章可循。特别是最后的处理结果，无论是调解书还是仲裁裁决都应经得起推敲，受得住法院的司法监督。

为了开展好医患纠纷仲裁工作，2011年深圳仲裁委员会修订《仲裁规则》时专设"医患纠纷仲裁程序"一章，对受案范围、仲裁协议、答辩期限、仲裁庭组成、鉴定、审理期限等问题进行了专门的规定，对医患纠纷仲裁专业、高效进行起到了一定的制度保障作用。

5.1.5 建立合理的案件管理制度

在我国目前的社会发展阶段，仲裁委员会对案件的管理制度决定了案件的处理质量。深圳医患纠纷仲裁院克服工作人员少、案件矛盾大等困难，既做好仲裁庭的后勤服务工作，组织好每次庭审和合议，也做好仲裁程序的把握工作，促进仲裁庭合法地解决争议。同时对所有仲裁文件进行整理归档，为进一步研究、完善医患纠纷仲裁工作打好基础。

上述经验对于在现有法律框架和行政体系下开展医患纠纷仲裁工作的深圳仲裁委员会来说是值得借鉴的。

5.2　问题和完善建议

作为一项探索，难免存在各种问题和不足，许多问题的成因也十分复杂。抱着开放的心态面对问题，积极寻求各种资源和方法解决问题是一项事业得以持续发展的关键。通过总结、调研和座谈，我们将深圳仲裁委员会开展医患纠纷仲裁工作中存在的问题和建议总结如下。

5.2.1　仲裁院名称及其完善

如前文所述，"医患纠纷"是一个大概念，既包括因为医疗行为产生的纠纷，也包括其他医方和患方之间的纠纷。如果从这个角度理解，深圳医患纠纷仲裁院的受案范围应该不限于医疗纠纷，还应包括医患之间的费用纠纷和其他民商事纠纷。但从《仲裁规则》的规定和仲裁院的实践来看，其并没有受理医疗纠纷以外的纠纷。俗话说"名不正言不顺"，为了表述准确，从而将仲裁院有限的力量投入到专业的医疗纠纷解决中，建议将名称改为"深圳医疗争议仲裁院"，并在《仲裁规则》中进一步明确受案范围，供其他城市开展这项工作时参考。

5.2.2 医患纠纷费用机制及其完善

处理医患纠纷往往要进行医疗损害鉴定，矛盾较为突出，但标的相比于一般的民商事案件又较小，因此可以称之为一项风险高、经济效益低的工作。① 目前仅收取100元仲裁费的方式似乎很难在我国其他城市推广，深圳市政府为了保证深圳市的医疗机构能够顺畅运转、社会和谐与稳定，因此在财政上给予仲裁委员会一定的支持，这种政府向仲裁机构购买服务的运作方式具有实验性，但长期如此似乎有一定的困难。有仲裁员建议让医疗损害责任保险承包方成为仲裁第三人，如认可仲裁结果，则直接向患者支付赔偿费用，同时可以按一定的比例从赔偿金中抽取一部分支付仲裁费用。② 这些都是可以探索的路径。

5.2.3 仲裁员选拔培训机制及其完善

医患纠纷仲裁员的最佳人选是"医法结合型"专家，但这样的人才毕竟数量有限。随着案件数量的增加，不能总是由几位复合型专家担任仲裁员，因此有必要加强仲裁员培训。在实践中，一方面，有的医学专业仲裁员难以把握新的身份，经常从医生的职业角度在仲裁庭上对患者"望闻问切"，难以把握法律争议焦点，不能很好地把握庭审程序。对此，有必要对医学专业仲裁员讲授专门的庭审知识，帮助其转换角色，把握庭审要点；另一方面，有的法学专业仲裁员不了解医院诊疗流程，有时对于必须了解

---

① 马文建：《对我国医事仲裁费用来源问题的探讨》，《仲裁研究》第36辑，第90页；马文建：《医责险承保方能否成为仲裁第三人》，《中国卫生法制》2014年第4期，第49~52页。
② 马文建：《医疗损害责任保险承包方能否成为仲裁第三人——主要以深圳医患纠纷仲裁模式为视角》，《仲裁探索》2014年第1期，第60~69页。

的关键环节不过问或者问不清，对于不重要的细节问题可能又过于纠缠。对此，有必要对其加强医院诊疗知识的普及，特别是在处理案件前，对于涉案的医学问题，其必须有一个基本的了解和把握，才能保证庭审的高效开展。

此外，也有人建议聘请一定比例的非本市专家担任仲裁员，有助于减少在本市内可能存在的行业庇护现象，其中立性和公正性能够得到加强，做出的裁决更易被患方接受，同时也有助于解决缺乏复合型专家的问题，也有利于仲裁员回避制度的落实。①

5.2.4 降低申请鉴定比例

虽然前文中披露的 2015 年和 2016 年的数据显示，在全部案件中，进行鉴定的比例并不高，但是考虑到有很多案件是医患双方达成调解协议后进行裁决的，因此在真正进入庭审程序的复杂案件中，进行鉴定的比例还是相当高的。有人认为，目前的《仲裁规则》允许在审理过程中医患双方意见一致的基础上启动第三方医疗损害鉴定，且做鉴定的时间不计在审理期限内。实践中，鉴定通常要半年到一年的时间，有的复杂鉴定耗时更长。因此，虽然进行鉴定有助于案件的公平公正解决，但对仲裁的效率打了折扣。②

目前，除了少数原因不明的死亡病例或疾病过分复杂的案例外，对医疗损害的判断均由仲裁庭直接做出，当然仲裁庭组成人员中必须有高水平的医学专业仲裁员。同时也可以考虑由仲裁委员会组成专家委员会，处理仲裁庭进行医疗损害判断有困难的案件，尽量减少申请第三方进行鉴定的情况，从而保证仲裁高效进行。

另外，也要避免不必要的鉴定。在前述"D 某诉 Z 医院"案中，在仲裁过程中，申请人向仲裁庭申请对被申请人的诊疗行为与患者的死亡是否

---

① 马文建：《深圳市采用仲裁方式处理医患纠纷的实践与思考》，《医学与社会》2014 年第 4 期，第 74 页。
② 马文建：《深圳市采用仲裁方式处理医患纠纷的实践与思考》，《医学与社会》2014 年第 4 期，第 74~75 页。

存在因果关系及过错参与度进行司法鉴定，但申请人没有在仲裁庭限定的时间内交纳鉴定费。仲裁庭认为：申请人没有在仲裁庭限定的时间内交纳鉴定费，依法应当视为申请人放弃鉴定申请。况且，根据广东众合司法鉴定所于 2013 年 12 月 13 日出具的法医临床鉴定书证审查意见书做出的审查意见，仲裁庭完全可以对被申请人的过错参与度做出认定，因此，仲裁庭为节约双方当事人的仲裁成本，及时审结医患纠纷，在现有证据足以认定案件事实的情况下，对申请人的上述鉴定申请不予批准。

5.2.5 完善仲裁规则

当前的仲裁规则中关于医患纠纷仲裁程序的规定整体上较为简略，随着案件的展开，在某些规范方面呈现出对实践的不适应性。例如：关于鉴定问题，在制定仲裁规则时，考虑到侵权责任法刚开始实施，处理医疗争议的机制还处于"二元化""双轨制"的格局，无论是医疗机构还是患者，都还停留在"医疗事故"的概念，因此，仲裁规则在鉴定机构和鉴定程序部分加入了医疗事故鉴定的内容。鉴于无论是医疗过错鉴定还是医疗事故鉴定，均是对医疗机构的诊疗行为进行责任判断，是证据的范畴，应由仲裁庭对证据进行判断和使用。但随着侵权责任法的实施，医疗事故处理程序已不是处理医疗争议的主要途径，国务院《医疗事故处理条例》已为《侵权责任法》的"医疗损害赔偿责任"专章替代，医疗争议仲裁案件的审理只适用《侵权责任法》和最高人民法院的相关司法解释，从医疗事故过渡的阶段已经终结，即使由医疗事故鉴定机构进行鉴定，也是进行医疗过错责任鉴定而非医疗事故鉴定，因此已经没有保留医疗事故鉴定的必要，在修订仲裁规则时应当调整。

5.2.6 适时总结审理经验形成办案指引

为了加强示范效应，同时也为仲裁员、律师和当事人处理案件提供参考，建议针对案件处理中的共性问题，如某一类医疗行为案件的必须查明事项（调查清单）、某一类案件必须申请鉴定、某一类情形的赔偿标准、过错推定原则的适用等形成指引，保证同一类型案件裁决结果的统一性，减少"个性化裁判"情况的发生。如此，也可以减少当事人对仲裁裁决的质疑和抵触。

同时，也可以考虑与医学会、司法鉴定机构以及本市两级法院定期召开研讨会，就近期发生的典型案例进行探讨，互相切磋提高，形成一些统一的观点和做法，为合法、科学、合理地处理医疗纠纷案件提供参考。

5.2.7　提高仲裁裁决书写作质量

仲裁裁决是仲裁委员会的产品，仲裁庭除了裁决和执行外，也须理清法律事实，进行逻辑推理，说明裁判理由，说服当事人。因此，仲裁裁决书必须具有严谨的形式和内容，对仲裁程序，当事人诉求，仲裁庭调查清楚的法律事实，仲裁庭对争议焦点的观点，法律适用，裁决结果等都应有着清晰的描述和说明。

在医患纠纷仲裁裁决中，仲裁庭必须使用清晰、易懂的语言对医方是否存在过错、过错内容、过错与患方损害结果之间的因果关系、过错参与度、赔偿内容及其法律依据进行准确的书写，对法律演绎推理过程进行详细的描述，形成一份高质量的法律文书。

对此，除了要求仲裁员加强责任心外，也必须加强培训，推广好的仲裁裁决书写作经验和做法。

5.2.8　建立医患仲裁专家委员会

仲裁委员会有自己的专家咨询委员会，大多数都是民商事法律专家。鉴于医患纠纷的特殊专业性，也必须有专门的专家咨询委员会。专家咨询委员会主要任务有二：一是在仲裁庭对某项专业的医疗问题不能下结论或不能判断是否存在医疗过错以及参与度时，进行集体咨询并做出结论供仲裁庭参考，以减少进行鉴定的数量；二是对于一些重大案件进行内部讨论，对其整体问题做出判断，供仲裁庭参考，也可以对仲裁庭的结论进行讨论，形成一种内部纠错机制。

5.2.9　探索重大诊疗风险治疗前仲裁协议签署机制

可以考虑加大宣传力度，让医患纠纷为更多的单位和群众知悉。同时，使医患双方能够充分认识到仲裁处理医患纠纷的优越性。对某些存在重大诊疗风险、诊断虽明确但目前尚无法治愈或者在治疗过程中可能发生意外的患者，可以建议其在诊疗前签署医疗服务合同，在合同中引入仲裁条款。这样方便在纠纷发生后尽快进入仲裁解决程序。

结 论

总结全文，本书结论如下。

第一，随着社会经济发展、人口数量增加、人们维权意识提高及国家医疗体制改革，我国的医患纠纷，特别是一线城市的医患纠纷不断增加，成为影响社会和谐的重要因素之一，对此有必要发挥行政、司法、社会组织的力量去化解这一问题。仲裁作为法定、专业和传统的民间纠纷解决方式，可以参与其中发挥一定的纠纷化解作用。

第二，设立类似劳动仲裁的强制性医疗行政仲裁缺乏相关法律依据，且如果设立，则需要在卫生行政部门下另设事业单位机构，而鉴于卫生行政部门同时主管医院，因此该机构难以保持中立地位。因此在现阶段，由已经较为成熟的民商事仲裁委员会处理医患民事纠纷较为可行。

第三，准确地说，因患方到医方接受诊疗引起的损害纠纷应定义为医疗纠纷，该纠纷属于民事纠纷范畴，在《仲裁法》没有明确排除医疗纠纷属于可仲裁范围的情况下，民商事仲裁委员会可以根据医患双方达成的仲裁协议受理案件，人民法院不会以医疗纠纷不具备可仲裁性而撤销仲裁裁决或不予执行仲裁裁决。

第四，与普通的民商事案件不同，医患双方当事人很少能够在纠纷发生前达成仲裁协议，因此需要在发生纠纷时由医方，或者患方，或者人民调解组织，或者行政调解部门提议达成仲裁协议。在此方面可以探索在手术通知书或其他医疗合同中加入仲裁条款，在充分尊重医患双方意思自治的情况下事先达成仲裁协议。

第五，医患纠纷仲裁一般情况下都由患者作为申请人，医方作为被申请人，按照一般的仲裁规则应当由申请人先支付仲裁费用，仲裁庭根据裁判结果再明确仲裁费用的承担者。但考虑到医患纠纷的特殊性，申请人预交仲裁费可能会存在一定的困难，因此仲裁机构只能以化解社会矛盾，做公益的心态来做医患纠纷仲裁工作，对于仲裁费用给予减免。但对此财政部门一定要加大支持力度，以预算或者政府购买服务的形式支付，否则仲裁委员会很难长期开展该项工作。

第六，仲裁案件的优质高效处理需要有仲裁规则的保障、仲裁管理人员的精心组织以及仲裁员的专业和敬业。在仲裁规则方面，需要针对医患纠纷的特点制定专门的规则，特别是对于人身损害过错鉴定的发起和结论采纳等内容；在管理人员方面，仲裁委员会应增加配置办案秘书负责案件的组织和相关协调、统计、培训工作；在仲裁员方面，需要重点发掘既懂医学专业知识又懂法律专业知识的复合型人才，他们中大多数是医学科班出身，经过工作的锻炼又学习了解法律知识，有的取得了国家法律职业资格，他们对于审理医患纠纷来说是一笔宝贵的人才财富。另外对于热心于医患纠纷仲裁工作的纯法律专业人士也可以吸收。

第七，鉴于既懂医学又懂法学的专业人士数量有限，随着案件的增多，必须吸纳医学专业人士和法律专业人士作为医疗纠纷仲裁员。为了提高仲裁员的综合素质，保障案件审理质量，有必要对仲裁员进行医学专业基本知识和法律专业基本知识的培训，补齐短板，帮助医学专业人士尽快进入仲裁员角色，帮助法律专业人士准确把握案件关键点。同时总结经验形成裁判指引，指导审理和裁决工作。

第八，医疗纠纷可以定性为合同纠纷，也可以定性为侵权纠纷。但由于实践中鲜有达成详细的医疗合同的情形，因此绝大多数案件都按人身损害赔偿侵权案件审理。案件主要适用《侵权责任法》《最高人民法院关于审理人身损害赔偿案件适用法律若干问题的解释》等法律文件。

第九，医疗纠纷案件对于司法鉴定的依赖性较强，通过司法鉴定可以判断医方诊疗行为是否有过错，过错与患者人身损害之间是否存在因果关系及其参与度等。为了发挥医学专业仲裁员的优势，有必要充分发挥其专业特长，对于仲裁员能够判断的医学问题，没有必要进行司法鉴定，以便节约时间，提高裁决效率。仲裁庭根据对医患双方侵权关系的判断，参考相关法律和最高人民法院的司法解释，对申请人提出的请求进行判断，每项请求和标准均须有法定依据,同时必须充分平衡双方的利益,以求达到良好的社会效果。

第十,和解裁决是仲裁的特色之一,仲裁庭有权根据双方自行和解的结果,或者在仲裁庭主持调解下形成的结果作出裁决。仲裁庭应当对和解协议进行严格审查,保证和解裁决有法律依据,不违背法律的强制性规定,且不损害公共利益。

参考文献

论文类

1. 白丽云：《论〈侵权责任法〉对医患利益保护的平衡机制》，《兰州大学学报》（社会科学版）2011 年第 4 期。
2. 蔡志刚：《医患关系绝非民事合同关系》，《学理论》2010 年第 24 期。
3. 陈灿平、肖秋平：《新修〈消费者权益保护法〉可否调整医患关系之研究》，《湖南大学学报》（社会科学版）2014 年第 3 期。
4. 陈曼莉、刘小宁：《浅析医疗诉讼中"举证责任倒置"对医患关系的影响》，《中国卫生事业管理》2004 年第 4 期。
5. 陈云来：《医患关系的性质辨析》，《南华大学学报》（社会科学版）2002 年第 4 期。
6. 崔世君：《医患法律关系的准确界定》，《当代医学》2007 年第 5 期。
7. 杜立、郭玉军：《浅析医疗事故争议的仲裁解决》，《医学与哲学》（人文社会医学版）2007 年第 9 期。
8. 方桂荣：《论医患法律关系》，《行政与法》2007 年第 1 期。
9. 方兴：《医患纠纷强制性仲裁机制构建探索》，《南京医科大学学报》（社会科学版）2013 年第 3 期。
10. 黄文进：《医患关系的认识与医疗纠纷诉讼的法律适用原则》，《现代医药卫生》2004 年第 5 期。
11. 纪建文：《关系视角下中国的医患契约与医患纠纷》，《法学论坛》2006 年第 6 期。
12. 赖红梅：《医患关系是一种特殊的侵权责任法律关系》，《中国卫生法制》2010 年第 3 期。
13. 李春明：《医患关系：一种综合性法律关系》，《中国卫生法制》1999 年第 3 期。
14. 李大平:《论医患关系的契约性》,《前沿》2006 年第 2 期。
15. 李国赓:《医患关系的合同法分析——以缔约为中心分析医患关系》,硕士学位论文,中国政法大学,2005 年。
16. 李海军:《从紧张的医患关系谈医学文书的特点和价值》,《中国卫生法制》2009 年第 3 期。
17. 李豪飞:《医患关系的法律调整机制研究——以〈消费者权益保护法〉为视角》,《福建法学》2011 年第 2 期。
18. 李宇铭:《关于医患关系的一些思考——从医疗事故鉴定的角度》,《中国卫生法制》2009 年第 3 期。
19. 梁九业:《论医患无因管理关系中医方的民事责任》,《医学与法学》2015 年第 5 期。
20. 刘星:《基于委托代理理论的和谐医患关系及其构建》,《管理现代化》2013 年第 1 期。
21. 马文建:《浅析深圳市处理医患纠纷的新模式——仲裁》,《中国卫生法制》2013 年第 4 期。
22. 马占军:《我国医疗纠纷仲裁解决机制构建研究》,《河北法学》2011 年第 8 期。
23. 梅胜、黄强:《医患纠纷诉讼的举证责任分配》,《贵州民族学院学报》(哲学社会科学版)2004 年第 1 期。
24. 纳玲:《医患纠纷问题的法律分析及其应对进路》,《云南行政学院学报》2012 年第 5 期。
25. 彭君:《医患法律关系定位的规范性研究》,《中国卫生法制》2009 年第 4 期。
26. 钱矛锐:《医患关系法律属性的澄清》,《中国卫生事业管理》2006 年第 2 期。
27. 乔飞:《当代河南医患纠纷审理常见法律问题论略》,《学理论》2012 年第 10 期。
28. 曲明:《医患关系使用消费者保护制度的法律研究》,《广西警官高等专科学校学报》2009 年第 2 期。

29. 任茂东：《侵权责任法：缓解医患矛盾的良方》，《中国人大》2010 年第 7 期。

30. 石彬彬：《浅议引入医事仲裁机制化解医患纠纷》，《经济研究导刊》2011 年第 27 期。

31. 卫洁：《论医患纠纷人民调解制度的构建》，硕士学位论文，华东政法大学，2012 年。

32. 王君夫：《经济法调整医患关系的价值分析》，《延安大学学报》（社会科学版）2011 年第 1 期。

33. 巫文岗等：《知情同意制度与医患纠纷防范》，《学术论坛》2010 年第 9 期。

34. 吴晓萍、张永忠：《医患纠纷适用消费者权益保护法的若干考量》，《海峡法学》2011 年第 4 期。

35. 武德志：《论医患纠纷中的法律与信任》，《法学家》2013 年第 5 期。

36. 夏雄伟：《论我国消费者权益保护法第四十九条是否适用医患纠纷》，《台声新视角》2005 年第 11 期。

37. 熊理思、李鹏：《医患关系的法律调整路径选择——以医患纠纷适用消费者权益保护法的非正当性为视角》，《人民司法》2014 年第 5 期。

38. 徐晗宇：《我国医患法律关系属性的定位选择》，《黑龙江省政法管理干部学院学报》2010 年第 12 期。

39. 杨丽蓉：《医患关系中的非医疗纠纷的法律适用》，《现代医药卫生》2004 年第 7 期。

40. 杨志强：《"不当出生"医患纠纷中的赔偿责任》，《山东审判》2007 年第 5 期。

41. 殷宏：《医患关系的法律分析》，《当代经济》2006 年第 8 期。

42. 余怀生：《从一起医患纠纷的化解看医患纠纷调解技巧》，《调解艺术》2012 年第 10 期。

43. 喻小勇、田侃：《试论医患纠纷中的医疗信息公开问题》，《南京医科大学学报》（社会科学版）2010 年第 2 期。

44. 张锦生：《论医患法律关系》，《辽宁师专学报》（社会科学版），2004 年第 2 期。

45. 张淇惠：《〈侵权责任法〉对医院利益保护的平衡机制分析》，《法制博览》2014 年第 3 期。

46. 张文婷、曲畅：《精神科医患法律关系初探》，《中国司法鉴定》2010 年第 4 期。

47. 赵西巨：《医患关系的形成与扩展：对美国法上几则新近案例的释读》，《法律与医学杂志》2005 年第 3 期。

48. 周俊、徐青松：《医患纠纷"私了"协议书法律问题探讨》，《解放军医院管理杂志》2012 年第 11 期。

49. 朱翠微：《法理学视域下的医患法律关系属性》，《医学与哲学》2013 年第 3 期。

50. 朱小霞、周维德：《论医患关系的法律规制及责任归责》，《中国卫生法制》2002 年第 4 期。

51. 朱晓卓、田侃：《试论医患纠纷案件处理中的司法鉴定》，《中国卫生事业管理》2006 年第 12 期。

书籍类

52. 鲍勇主编《医患关系现状与发展研究：基于信任及相关政策的思考》，上海交通大学出版社，2014。

53. 蔡秀男：《99% 医疗纠纷都是可以避免的》，猫头鹰出版社，2014。

54. 常永春、彭瑶：《医患之争——医患纠纷典型案例评析》，法律出版社，2006。

55. 陈丽杰：《医疗纠纷的处理与索赔》，北京大学出版社，2014。

56. 陈一凡：《医患关系法律分析》，人民法院出版社，2013。

57. 陈云芳：《医患纠纷诉讼与调解指南》，法律出版社，2015。

58. 范渝：《非诉讼纠纷解决机制研究》，中国人民大学出版社，2000。

59. 方鹏骞、孙杨：《中国转型期医疗纠纷非诉讼解决机制研究》，科学出版社，2011。

60. 冯正骏：《医疗损害司法鉴定实务》，浙江工商大学出版社，2015。

61. 高祥阳、陈宇：《医患纠纷·医疗事故赔偿·患者维权完全手册》，中国城市出版社，2003。

62. 古津贤：《医疗侵权法》，吉林大学出版社，2008。

63. 郭华：《鉴定意见争议解决机制研究》，经济科学出版社，2013。

64. 郭永松：《医患纠纷调解之路》，人民卫生出版社，2013。

65. 韩玉胜：《医患纠纷法律解读》，法律出版社，2015。

66. 胡汝为：《医患关系：责任政府下的法律规制研究》，北京大学出版社，2012。

67. 黄进等：《仲裁法学》，中国政法大学出版社，2008。

68. 孔志学：《医疗纠纷与法律处理》，科学出版社，2014。

69. 雷红力、商忠强：《医患纠纷人民调解原理与实务》，上海交通大学出版社，2015。

70. 李君、周永庆：《医疗损害：官司证据收集、认定和运用》，中国法制出版社，2011。

71. 李勇：《医学法律的伦理维度》，科学出版社，2014。

72. 梁东：《医疗纠纷》，贵州教育出版社，2009。

73. 梁慧星：《民法总论》，法律出版社，2001。

74. 林文学：《医疗纠纷解决机制研究》，法律出版社，2008。

75. 刘俊荣：《医患冲突的沟通与解决：理论审视·沟通调适·冲突解决》，广东高等教育出版社，2004。

76. 刘兰秋：《医疗纠纷第三方解决机制实证研究》，中国检察出版社，2014。

77. 刘鑫：《医疗侵权纠纷处理机制重建》，中国人民公安大学出版社，2010。

78. 柳经纬、李茂年：《医患关系法论》，中信出版社，2002。

79. 吕兆丰、王晓燕、张建：《医患关系现状、原因及对策研究——全国十城市医患关系调查研究报告》，中国书店出版社，2010。

80. 孟庆良、王瑜：《医疗纠纷损害赔偿实务问答与案例精析》，法律出版社，2008。

81. 闵银龙：《医疗纠纷司法鉴定理论与疑案评析》，北京大学出版社，2010。

82. 蒲川：《医疗纠纷非诉讼处理机制研究》，西南师范大学出版社，2012。

83. 邱爱民、郭兆明：《医疗纠纷立法与处理专题整理》，中国人民公安大学出版社，2012。
84. 邱鹭风、姚启明：《医患纠纷人民调解案例解析》，江苏人民出版社，2012。
85. 司法部司法鉴定科学技术研究所：上海市法医学重点实验室：《医疗纠纷的鉴定与防范》，科学出版社，2015。
86. 宋儒亮：《医事法学在广东》，法律出版社，2013。
87. 田春芳：《妇产科误诊与医疗纠纷》，人民军医出版社，2005。
88. 王才亮：《医疗事故与医患纠纷处理实务》，法律出版社，2002。
89. 王利明、杨立新：《侵权行为法》，法律出版社，1996。
90. 王利明、杨立新、姚辉：《人格权法》，法律出版社，1997。
91. 王良钢：《医疗纠纷典型案例选编》，北京大学出版社，2012。
92. 王胜明：《中华人民共和国侵权责任法释义》（第1版），法律出版社，2010。
93. 王明旭：《医患关系学》，科学出版社，2008。
94. 王旭：《医疗过失技术鉴定研究》，中国人民公安大学出版社，2008。
95. 王岳：《医事法》（第2版），人民卫生出版社，2013。
96. 王岳：《医疗纠纷案例评析》，对外经济贸易大学出版社，2012。
97. 卫生部统计信息中心：《中国医患关系调查研究：第四次国家卫生服务调查专题研究报告（二）》，中国协和医科大学出版社，2010。
98. 吴春岐：《案例解说：医疗纠纷责任认定与赔偿计算标准》，中国法制出版社，2010。
99. 夏文涛、朱广友、杨小萍：《医疗纠纷的鉴定与防范》，科学出版社，2015。
100. 邢学毅：《医疗纠纷处理现状分析报告》，中国人民公安大学出版社，2008。
101. 杨峰：《医患纠纷典型案例评析》，中国民主法制出版社，2008。
102. 余明永：《医疗损害责任研究》，法律出版社，2015。
103. 乐虹：《当代医患关系及纠纷防控新思维》，科学出版社，2011。
104. 周维德：《医患法律关系研究》，江西高校出版社，2007。
105. 张斌：《民国时期医事纠纷研究——和谐医患关系之思索》，大连出版社，2012。

106. 张广兴：《债法总论》，法律出版社，1997。
107. 张莹：《医疗纠纷审判案例评析》，第二军医大学出版社，2003。
108. 张泽洪：《医疗纠纷第三方调解》，浙江大学出版社，2015。
109. 赵衡文：《医疗纠纷的理论与实践》，中南大学出版社，2005。
110. 朱晓卓：《医疗纠纷"宁波解法"》，东南大学出版社，2016。
111. 朱炎苗、吴军：《医疗纠纷司法鉴定争议案例评析》，中国检察出版社，2008。
112. 朱莹：《医疗纠纷索赔技巧和赔偿计算标准》，法律出版社，2015。
113. 庄洪胜、刘志新、吴立涛：《医疗纠纷侵权责任·损害鉴定与赔偿》，中国法制出版社，2010。
114. 庄一强：《医患关系思考与对策：现状·问题·决策·执行》，中国协和医科大学出版社，2007。
115. 〔日〕和田仁孝、中西淑美：《医疗纠纷调解：纠纷管理的理论与技能》，晏英译，暨南大学出版社，2013。
116. 〔日〕尾内康彦：《医患纠纷解决术》，刘波译，东方出版社，2014。

案例索引

1. D 某诉 Z 医院案 ……………………… 4.2.3.2/2，4.2.3.3/3.
2. J 某诉 N 医院案 ……………………………………… 4.2.3.2/2.
3. L1 某诉 L 医院案 ………………… 4.2.3.2/2，4.2.3.3/3，4.3.2.1，
   4.3.2.2，4.3.2.3，4.3.2.4，4.3.2.5，4.3.2.8，4.3.2.10，4.3.2.11.
4. L2 某诉 G 院案 ………………………………………………… 4.4.
5. Q 某诉 P 医院案 …………… 4.2.3.2/4，4.2.3.3/3，4.3.2.1.
6. R 某诉 P 医院案 ………………………… 4.2.3.2/2，4.3.2.9.
7. W1 某诉 R1 医院案 ………………… 4.2.3.2/2，4.2.3.3/3，
   4.3.2.1，4.3.2.10.
8. W2 某诉 R2 医院案 ………………… 4.2.3.2/2，4.2.3.3/3，4.2.3，
   4.3.2.1，4.3.2.3，4.3.2.4，4.3.2.6，4.3.2.7，4.3.2.8，4.3.2.9，
   4.3.2.10，4.3.2.12.
9. W3 某诉 N 医院案 ………… 4.2.3.2/1，4.3.2.1，4.3.2.2，4.3.2.10.
10. W4 某诉 F 医院案 ………………… 4.2.2.1，4.2.3.2/2，4.2.3.3/3，
    4.3.2.1，4.3.2.2，4.3.2.3，4.3.2.4，4.3.2.5，4.3.2.10.
11. W5 某诉 Z 医院案 ………………… 4.2.3.2/1，4.2.3.3/3，
    4.3.2.1，4.3.2.3，4.3.2.6，4.3.2.7，4.3.2.10.
12. W6 某诉 Y 医院案 ……………………… 4.2.2.2/1，4.2.3.2/1，
    4.2.3.2/3，4.2.3.3/3，4.3.2，4.3.2.1，4.3.2.3，4.3.2.4，4.3.2.6，
    4.3.2.7，4.3.2.9，4.3.2.10.
13. X 某诉 R 医院案 ……………………………………………… 4.4.
14. Y1 某诉 L 医院案 ………………………… 4.2.3.2/2，4.3.2.10.
15. Y2 某诉 L 医院案 ………………………… 4.2.3.2/1，4.2.3.3/3.

16. Y3 某诉 P 医院案 ·················· 4.2.2.2/3, 4.2.3.2/1, 4.2.3.2/2, 4.2.3.3/3, 4.3.2.1, 4.3.2.4, 4.3.2.6, 4.3.2.7, 4.3.2.10.
17. Y4 某诉 S 医院案 ······················· 4.2.3.2/2, 4.2.3.2/3, 4.2.3.2/4, 4.2.3.3/3.
18. Z1 某诉 LR 医院案 ·················· 4.2.3.2/2, 4.2.3.2/4, 4.2.3.3/3.
19. Z2 某诉 FZ 医院案 ······ 4.2.3.2, 4.2.3.2/1, 4.2.3.2/2, 4.2.3.2/4, 4.2.3.3/3, 4.3.2.1, 4.3.2.2, 4.3.2.3, 4.3.2.10.

附录一 《深圳仲裁委员会仲裁规则》第十一章医患纠纷仲裁程序

第八十八条 【适用范围】患方因在深圳市医疗机构和计划生育技术服务机构（以下统称医疗机构）医疗就诊，认为医疗机构及其医务人员实施的医疗、预防、保健等执业行为损害其合法权益而引发的争议，适用本章规定。本章没有规定的，适用本规则其他相关规定。

第八十九条 【仲裁协议】患方当事人为二人以上的，应当由患方当事人共同或由患方当事人推选的代表人与医疗机构达成仲裁协议。

第九十条 【答辩期限】被申请人应当自收到仲裁申请书副本之日起五日内提交答辩书、证据材料及其身份证明材料。

第九十一条 【仲裁参与人】当事人一方为五人以上的，应共同推选代表人一至二人参加仲裁活动。

第九十二条 【仲裁庭的组成和仲裁员的产生】仲裁庭由三名仲裁员组成。当事人约定由一名仲裁员成立仲裁庭的，从其约定。

首席仲裁员和独任仲裁员的产生，不适用本规则第二十八条第二款的规定。

当事人应当在收到仲裁通知书之日起五日内约定仲裁庭组成方式并选定仲裁员。当事人未能在上述期限内约定仲裁庭组成方式并选定仲裁员的，由仲裁委员会主任决定仲裁庭组成方式、指定仲裁员。

第九十三条 【鉴定】双方当事人对医疗机构的医疗行为是否构成医疗事故或是否存在过错存在分歧的，均可申请进行技术鉴定或司法鉴定。

双方当事人一致同意进行医疗事故技术鉴定的，仲裁庭根据《医疗事故技术鉴定暂行办法》规定的程序委托鉴定。一方当事人对上述鉴定结论不服，又要求进行医疗过错司法鉴定的，是否准许，由仲裁庭决定。

双方当事人一致同意进行医疗过错司法鉴定的，可共同选定或由仲裁庭委托具有法定资质的司法鉴定机构进行。

一方当事人申请医疗事故技术鉴定、另一方当事人申请医疗过错司法鉴定的，仲裁庭可只委托进行医疗过错司法鉴定。

仲裁庭应在收到当事人的申请后五日内决定是否同意进行鉴定并通知各方当事人。

第九十四条 【审理期限】仲裁裁决应当在仲裁庭组成之日起三个月内作出。

第九十五条 【调解】仲裁庭审理医患纠纷案件应当注重调解。仲裁庭可以组织医患双方进行庭前调解。

附录二 《深圳市医患纠纷处理暂行办法》

第一章 总则

第一条 为了及时、高效解决医患纠纷，遏制医患纠纷引发的群体性事件，维护正常的社会秩序，构建和谐社会，保护医患双方的合法权益，根据国家法律、法规规定，结合我市实际，制定本办法。

第二条 凡在深圳市内医疗机构和计划生育技术服务机构（以下统称医疗机构）发生的医患纠纷处理，适用本办法。

第三条 本办法所称的医患纠纷，是指患方认为医疗机构及其医务人员在医疗过程中实施的医疗、预防、保健等执业行为损害其合法权益而引发的争议。

第四条 处理医患纠纷应遵循属地管理、调解优先、客观公正、快速高效的原则。

第五条 卫生行政部门应当依照《中华人民共和国执业医师法》、《中华人民共和国医疗事故处理条例》等法律法规的规定，在职责范围内做好医疗纠纷处理工作。

第六条 司法行政部门应当推进医患纠纷调解机构建设，做好医疗纠纷调解管理工作。

第七条 公安行政部门依法处置各类医患纠纷引发的治安事件，维护正常社会秩序，保障公民的人身和财产安全。

第八条 医疗机构应当制定医患纠纷防范处置预案，建立医患纠纷预防处置机制，开展医务人员专业技术培训，提高医务人员的业务技术水平。

第九条 医疗机构应当参加医疗执业责任保险。卫生行政部门应当鼓励医疗机构参加医疗执业责任保险。

第二章 医患纠纷的调解

第十条 各级人民调解委员会应当将医患纠纷纳入工作范围，在街道设立医患纠纷调解工作室，也可根据实际情况在辖区各主要医疗机构内设立医患纠纷调解工作室（以下统称医调室）。

第十一条 医调室人民调解员应由具有一定医学、法学或者心理学专业知识的人员组成。

卫生行政部门应当配合并协助人民调解委员会做好医患纠纷调解员的聘用、管理和培训工作。

第十二条 发生医患纠纷，医疗机构应当及时向所在辖区医调室申请调解，患方也可自行向医疗机构所在辖区医调室申请调解。

医调室接到调解申请后，经审查符合人民调解受案范围的，应当立即受理，在双方自愿的情况下向医患双方出具《医患纠纷调解受理书》，明确双方的权利、义务和调解期限。

患方申请卫生行政部门调解的，卫生行政部门应当受理，及时调解。

第十三条 在医患纠纷调解过程中，医患双方的参加人数均不得超过3人。

第十四条 调解达成协议的，经医患双方签字后，医调室应当制作书面的人民调解协议书，并送达医患双方。

人民调解协议书送达医患双方后生效，医患双方应当遵守。

第十五条 调解不能达成协议的，医调室应当以书面形式告知、指导医患双方通过仲裁或诉讼方式解决纠纷。

第十六条 医调室人民调解员在调解工作中，不得有下列行为：

（一）徇私舞弊，弄虚作假；

（二）对当事人进行侮辱、压制、打击报复；

（三）泄露当事人隐私；

（四）接受当事人请客或送礼。

第十七条 医调室调解不得向医患纠纷当事人收取费用。医调室工作经费按国家有关规定执行。

第三章　医患纠纷的仲裁和诉讼

第十八条　医患双方因医患纠纷依法向人民法院起诉或者向仲裁委员会申请仲裁的，任何组织和个人不得干涉。

医患双方依照仲裁法规定达成仲裁协议，任何一方提出仲裁申请的，仲裁委员会应当受理。

市政府应当依法完善仲裁委员会的医患纠纷仲裁机制。

第十九条　仲裁委员会在仲裁医患纠纷过程中需向医疗机构调查取证的，医疗机构应当积极配合。

第二十条　医患双方可就医疗机构的医疗行为是否构成医疗事故委托医学会进行医疗事故技术鉴定。

医患双方对医疗事故鉴定结论不服的，仲裁委员会或人民法院可委托司法鉴定机构依法进行司法鉴定。

第二十一条　患方选择仲裁或诉讼途径解决纠纷，生活困难的，可以申请法律援助，法律援助部门应当依法支持。

第四章　法律责任

第二十二条　在医患纠纷中医疗机构应当承担的赔偿责任，已参加医疗执业责任保险，且符合保险合同规定的赔偿条件的，保险公司应当依法赔偿；未参加医疗执业责任保险的，由医疗机构向患方及时作出赔偿。

第二十三条　医疗机构有下列情形之一的，卫生行政部门应当追究医疗机构及其主要负责人和直接责任人的责任：

（一）未制定《医患纠纷防范处置预案》，防范不到位，处置不及时，造成严重后果的；

（二）在处理医患纠纷过程中不积极、不配合，致使调解、仲裁、诉讼无法正常进行的；

（三）不及时履行赔偿责任，导致矛盾激化的；

（四）处理医患纠纷的其他违法行为。

第二十四条　患方或其他人员在解决医患纠纷中，有下列行为之一的，由公安机关依法及时处理，涉嫌犯罪的，移送司法机关追究刑事责任：

（一）占据医疗机构诊疗或办公场所、围堵医疗机构出入口以及其他扰乱医疗机构秩序，致使工作、医疗不能正常进行的行为；

（二）盗窃、抢夺医疗机构病历资料及其他诊疗文件资料的行为；

（三）将老人、残疾人、生活不能自理者弃留医疗机构以及其他遗弃没有独立生活能力的被扶养人的行为；

（四）非医患纠纷当事人或患者近亲属组织、教唆、胁迫他人干扰医患纠纷处理的行为。

第二十五条　卫生行政部门及其工作人员违反本办法，不履行职责或不正确履行职责的，由任免机关、监察机关或其他有权机关依法追究行政责任。

第五章　附则

第二十六条　各有关单位可根据本办法制定具体实施方案，报市政府批准后实施。

第二十七条　本办法自2010年2月22日起施行。

图书在版编目(CIP)数据

深圳医患纠纷仲裁研究/钟澄,邹长林著. -- 北京:社会科学文献出版社,2017.6
(深圳学人文库)
ISBN 978 - 7 - 5201 - 0473 - 9

Ⅰ.①深… Ⅱ.①钟… ②邹… Ⅲ.①医疗事故 - 民事纠纷 - 仲裁 - 研究 - 深圳 Ⅳ.①D927.653.216.4

中国版本图书馆CIP数据核字(2017)第047297号

·深圳学人文库·

深圳医患纠纷仲裁研究

著　　者 / 钟　澄　邹长林

出 版 人 / 谢寿光
项目统筹 / 王　绯
责任编辑 / 单远举　常　远

出　　版 / 社会科学文献出版社·社会政法分社(010)59367156
　　　　　 地址:北京市北三环中路甲29号院华龙大厦　邮编:100029
　　　　　 网址:www.ssap.com.cn
发　　行 / 市场营销中心(010)59367081　59367018
印　　装 / 三河市东方印刷有限公司

规　　格 / 开　本:787mm×1092mm　1/16
　　　　　 印　张:12　字　数:184千字
版　　次 / 2017年6月第1版　2017年6月第1次印刷
书　　号 / ISBN 978 - 7 - 5201 - 0473 - 9
定　　价 / 58.00元

本书如有印装质量问题,请与读者服务中心(010 - 59367028)联系

▲ 版权所有 翻印必究